Odenwald-Madonnen-Radweg

Zwischen Taubertal, Neckar und Rhein

VERLAG**ESTERBAUER**

bikeline®-Radtourenbuch kompakt
Odenwald-Madonnen-Radweg
© 2022, **Verlag Esterbauer GmbH**
A-3751 Rodingersdorf, Hauptstr. 31
Tel.: +43/2983/28982-0, Fax: -500
E-Mail: bikeline@esterbauer.com
www.esterbauer.com
1. Auflage 2022
ISBN 978-3-7111-0047-4
Bitte geben Sie bei jeder Korrespondenz
die ISBN an!

Dank an alle, die uns bei der Erstellung dieses
Buches tatkräftig unterstützt haben.

Das *bikeline*-Team: Birgit Albrecht-Walzer,
Katharina Amon-Schneider, Katrin Baumhauer,
Beatrix Bauer, Michael Binder, Veronika
Bock, Petra Bruckmüller, Roland Esterbauer,
Dagmar Güldenpfennig, Martina Kreindl, Daniela
Lehnerova, Gregor Münch, Mario Nakić,
Karin Neichsner, Carmen Paradeiser, Amélie
Pommier, Manuel Randa, Petra Schartner,
Sonja Schleifer, Christian Thoren, Isabella Tillich,
Martin Trippmacher, Carina Winkelhofer,
Martin Wischin, Wolfgang Zangerl

Umschlagbilder: Bild gr.: © mojolo - Fotolia; Bild kl.
oben: © pure-life-pictures - fotolia; Bild kl. unten:
Werner - stock.adobe.com
Bildnachweis: Barbara Wagner, Touristikgemeinschaft
Odenwald: 65; by-studio - stock.adobe.com:
34; Christian Frumolt, Touristikgemeinschaft
Odenwald: 70; © evano - fotolia: 82; eyetronic -
stock.adobe.com: 93; Isabella Frank - Kreisstadt
Tauberbischofsheim: 22; Jan Becke - Heidelberg
Marketing GmbH: 90; Johannes Kessel, Erbach -
Odenwald Tourismus GmbH: 36, 54; Landratsamt
Rhein-Neckar-Kreis: 98, 102, 103; © pure-life-pictures
- fotolia: 106; © Roman Sigaev - fotolia: 23; Sina
Ettmer - stock.adobe.com: 110; SiRo - stock.adobe.
com: 50; Thomas Kottal - stock.adobe.com: 46; Tobias
Klein: 52; Touristikgemeinschaft Odenwald: 80

Vorwort

Die abwechslungsreiche Tour auf dem Radfernweg von Tauberbischofsheim über Heidelberg nach Speyer geleitet Sie durch die Ferienlandschaft des „Madonnenländchens", die wald- und aussichtsreiche Mittelgebirgslandschaft des Naturparks Neckartal-Odenwald und das herrliche Neckartal. Die Kirchen, Kapellen, Heiligenfiguren und Bildstöcke am Wegesrand und schließlich die Domstadt Speyer entführen Sie dabei auf eine spannende Reise religiöser Zeitgeschichte.

Präzise Karten, kurze Streckenbeschreibungen, zahlreiche Stadt- und Ortspläne, Hinweise auf das kulturelle und touristische Angebot der Region und ein umfangreiches Übernachtungs- und Serviceverzeichnis – in diesem Buch finden Sie alles, was Sie auf dem Odenwald-Madonnen-Radweg zwischen Taubertal, Neckar und Rhein brauchen – außer gutem Radlwetter, das können wir Ihnen nur wünschen.

Kartenlegende

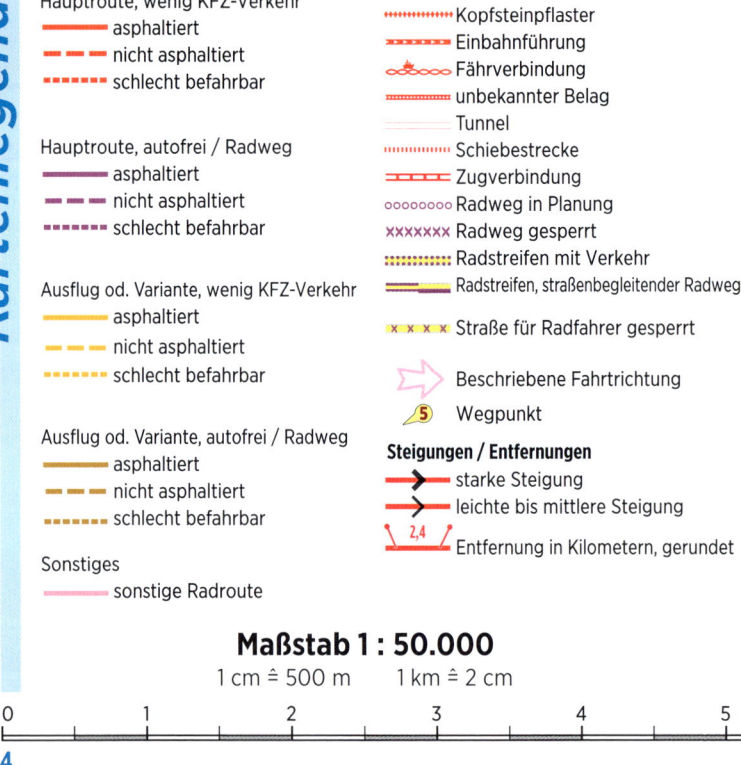

Radrouten

Hauptroute, wenig KFZ-Verkehr
- asphaltiert
- nicht asphaltiert
- schlecht befahrbar

Hauptroute, autofrei / Radweg
- asphaltiert
- nicht asphaltiert
- schlecht befahrbar

Ausflug od. Variante, wenig KFZ-Verkehr
- asphaltiert
- nicht asphaltiert
- schlecht befahrbar

Ausflug od. Variante, autofrei / Radweg
- asphaltiert
- nicht asphaltiert
- schlecht befahrbar

Sonstiges
- sonstige Radroute

verkehrsreiche Radroute
Kopfsteinpflaster
Einbahnführung
Fährverbindung
unbekannter Belag
Tunnel
Schiebestrecke
Zugverbindung
Radweg in Planung
Radweg gesperrt
Radstreifen mit Verkehr
Radstreifen, straßenbegleitender Radweg

Straße für Radfahrer gesperrt

Beschriebene Fahrtrichtung

⑤ Wegpunkt

Steigungen / Entfernungen
- starke Steigung
- leichte bis mittlere Steigung
- 2,4 Entfernung in Kilometern, gerundet

Maßstab 1 : 50.000
1 cm ≙ 500 m   1 km ≙ 2 cm

0   1   2   3   4   5

Radinformationen

	Symbol	Beschreibung
		Fahrradwerkstatt*
		Fahrradvermietung*
		überdachter Abstellplatz*
		abschließbarer Abstellplatz*
		E-Bike Ladestation
		Infotafel*
		Gefahrenstelle
		Text beachten
		Treppe
		Tragestrecke
		Engstelle*
	⟲17 ⟲42	Knotenpunktnummer der Wegweisung*
		Stadt-, Ortsplan

Nur in Ortsplänen

- Parkhaus*
- Theater*
- Post*
- Apotheke*
- Krankenhaus*
- Feuerwehr*
- Polizei*

* Auswahl

Sehenswertes / Einrichtungen

- Kirche; Kapelle
- Kloster
- Synagoge; Moschee
- Schloss, Burg; Ruine
- Turm; Leuchtturm
- Wassermühle; Windmühle
- Kraftwerk
- Bergwerk; Höhle
- Flughafen; Denkmal

- sonstige Sehenswürdigkeit
- Museum
- Ausgrabungen; röm. Objekte
- Tierpark; Natur-Information
- Naturschutzgebiet, -denkmal
- sonstige Natursehenswürdigkeit
- Aussichtspunkt*
- Tourist-Information; Gasthaus
- Unterkunft; Jugendherberge
- Camping-; Naturlagerplatz*
- Einkaufsmöglichkeit*; Kiosk*
- Rastplatz*; Unterstand*
- Freibad; Hallenbad
- Naturbad; Thermal-; Erlebnisbad
- Brunnen*; Parkplatz*
- Schönern sehenswertes Ortsbild
- Einrichtung im Ort vorhanden

6   7   8   9   10   11 km

Topographische Informationen

Kirche; Kapelle
Kloster
Synagoge; Moschee
Schloss, Burg; Ruine
Turm; Leuchtturm
Wassermühle; Windmühle
Kraftwerk; Solarkraftwerk
Bergwerk; Höhle
Denkmal; Hügelgrab
Flughafen; Flugplatz

Windkraftanlage
Funk- und Fernsehanlage
Umspannwerk, Trafostation
Wegkreuz; hist. Grenzstein
Sportplatz, Stadion
Golfplatz; Tennisplatz
Schiffsanleger; Schleuse
Quelle; Kläranlage
Staatsgrenze mit Übergang
Landesgrenze
Kreis-, Bezirksgrenze
Naturschutzgebiet, -park, Nationalpark
Truppenübungsplatz, Sperrgebiet
Höhenlinie 100m/50m
UTM-Gitter (in km; 2 km-Gitter)

Autobahn; Schnellstraße
Fernverkehrsstraße
Hauptstraße
untergeordnete Hauptstraße
Nebenstraße; Fahrweg
Weg; Fähre
Straße geplant/in Bau
Eisenbahn/Bahnhof; S-Bahnhof
Eisenbahn stillgelegt; geplant
Schmalspurbahn
Bergbahn; Seilbahn
Wald; Parkanlage
Sumpf; Heide
Weinbau; Gartensiedlung*
Steinbruch, Tagebau*
Friedhof; Düne, Strand
Watt; Gletscher
Felsen; Geröll
Gewächshäuser*, Plantage*
Gewerbe-, Industriegebiet
Siedlungsfläche; öffentl. Gebäude
Stadtmauer, Mauer
Damm, Deich
Kanal
Fluss/Staumauer/See

* Auswahl (* selection)

Inhalt

Stadtpläne

Odenwald-Madonnen-Radweg

Auf seinen 175 Kilometern führt der Odenwald-Madonnen-Radweg von der Tauber bis zum Rhein, von Tauberbischofsheim nach Speyer. Abwechslungsreich verläuft der Landesfernradweg anfangs vorbei an den Weingütern des

Lieblichen Taubertals und durch das Efartal ins Herz des Madonnenländchens. Besonders die Gegend um den Wallfahrtsort Walldürn ist reich an Bildstöcken mit Mariendarstellungen und Mariensäulen, welche wohl aus der Zeit der Gegenreformation und einer damals intensiven Marienverehrung hervorgingen. Der Radweg führt über die Hochflächen des südöstlichen Odenwalds und bietet immer wieder herrliche Aussichten. Von Hardheim bis Nußloch führt die Tour durch den Naturpark Neckartal-Odenwald. Der größte Naturpark Baden-Württembergs lockt mit vielfältigsten Landschaften wie ausgedehnten Wäldern, steilen Felswänden, wildromantischen Schluchten und nicht zuletzt dem idyllischen Neckar. Zudem durchstreift der Radweg den UNESCO-Geo-Naturpark Bergstraße-Odenwald, dessen Fläche von 3500 Quadratkilometern sich auf drei Bundesländer erstreckt. Entlang der Route liegen Infozentren und Eingangstore in den Naturpark in Walldürn, Buchen, Mudau, Mosbach, Hirschhorn und Neckarsteinach.

Ab Mosbach begleitet der Odenwald-Madonnen-Radweg den Neckar entlang der Grenze zum Kleinen Odenwald bis in die altehrwürdige Universitätsstadt Heidelberg. Schließlich geht die Route durch die Rheinebene, ehe sie in der Dom- und Kaiserstadt Speyer endet.

Streckencharakteristik

Streckenstatistik		
Länge der Hauptstrecke: **175 km**		
HM/km: ↗ **4,2 m** (735 m) ↘ **4,6 m** (813 m)		
Radweg: **68 %** Unbefestigt: **13 %** Verkehr: **7 %**		
Summe aller Strecken: **200 km**		

Länge

Die Gesamtlänge des Hauptradweges beträgt rund **175 Kilometer**. Die Varianten und Ausflüge haben eine Länge von 25 Kilometern.

Klassifizierung durch den ADFC

Mit dem Prädikat „ADFC-Qualitätsradroute" werden Radrouten ausgezeichnet, die von ADFC-Routeninspektoren komplett mit dem Fahrrad befahren wurden. Bewertet wird die Qualität der Befahrbarkeit, Sicherheit, Wegweisung und weiterer Kriterien wie Unterkünfte, Gastronomie, Erreichbarkeit mit der Bahn. Alle Daten zusammengefügt ergeben dann eine Einstufung zwischen einem und fünf Sternen für die jeweilige Route. Die

Bewertung gilt für drei Jahre, danach muss, falls gewünscht, eine erneute Überprüfung erfolgen.

Der Odenwald-Madonnen-Radweg wurde mit drei Sternen ausgezeichnet; er bietet also hohen Genuss für Radfahrer.

Wegequalität, Verkehr und Steigungen

Zu einem Großteil verläuft der Radweg auf befestigten Radwegen und ruhigen Straßen. Die naturnahen unbefestigten Wege sind durchwegs gut befahrbar. Auf stärkeren Verkehr treffen Sie nur in den städtischen Gebieten der Tour. Das Mittelgebirge des Odenwalds wartet vor allem im ersten Teil der Tour mit fordernden Anstiegen auf. Ab Mudau radeln Sie bergab ins Neckartal, von wo die Tour dann praktisch steigungsfrei bis Speyer verläuft.

Beschilderung
Der Odenwald-Madonnen-Radweg ist durchgehend gut ausgeschildert.

Tourenplanung

Zentrale Infostellen
Touristikgemeinschaft Odenwald e.V., Neckarelzer Straße 7, 74821 Mosbach, ✆ 06261/81 13 90, info@tg-odenwald.de, www.tg-odenwald.de

An- und Abreise mit der Bahn
Der Bahnhof Tauberbischofsheim wird vom RE „Main-Tauber-Express" der DB von Aschaffenburg über Wertheim oder von Crailsheim über Lauda angefahren.

Vom Hauptbahnhof Speyer können Sie mit diversen S-Bahnen der DB abreisen. Der RE 4 verkehrt im Zweistundentakt über Speyer nach Frankfurt/Main und Karlsruhe.

Aufgrund der sich ständig ändernden Preise und Bedingungen für Fahrradtransport bzw. -mitnahme empfehlen wir Ihnen, sich bei nachfolgenden Infostellen über Ihre ganz persönliche

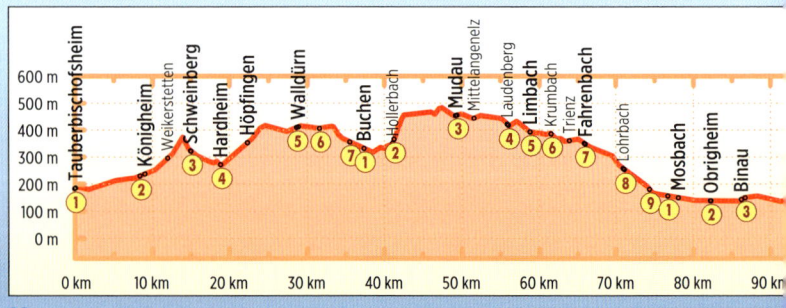

Anreise mit der Bahn zu informieren.

Informationsstellen

Deutsche Bahn AG, Reise-Service:
☎ 030/2970, Mo-So 0-24 Uhr, Auskünfte über Fahrpreise und Fahrpläne, Informationen über die Serviceleistungen der Deutschen Bahn, www.bahn.de, www.bahn.de/bahnundbike

VRN Verkehrsverbund Rhein-Neckar:
☎ 01805/8764636, www.vrn.de

Österreichische Bundesbahnen:
ÖBB Kundenservice ☎ 05/1717 (österreichweit zum Ortstarif), Mo-So 6-21 Uhr, www.oebb.at

Schweizer Bundesbahnen:
Rail-Service ☎ 0041/848446688 (CHF 0,08/Min.), Mo-So 0-24 Uhr, www.sbb.ch

Fahrradversand

Deutsche Bahn AG (innerhalb Deutschlands sowie zwischen Deutschland und Österreich)

Wenn Sie mit der DB an- und abreisen, können Sie den Gepäckservice der DB nutzen. Ihr Rad oder E-Bike wird im Haus-zu-Haus-Versand an den vereinbarten Zielort gebracht, wenn Sie im Besitz einer entsprechenden Bahnfahrkarte sind. Fahrrad oder E-Bike müssen verpackt werden und dabei roll- und lenkbar bleiben, Gewicht max. 31,5 kg. Kostenlos kann eine Fahrradverpackung zugebucht werden, bei E-Bikes muss der Akku ausgebaut sein. Informationen und aktuelle Preise finden Sie unter www.gepaeckservice-bahn.de.

An- und Abreise mit dem Fernbus

Mittlerweile bieten viele Fernbusunternehmen wie FlixBus auf ihren Strecken eine Radmitnahme an. Aufgrund der großen Anzahl von Fernbuslinien und -unternehmen informieren Sie sich bitte im Internet z. B. unter www.fernbusse.de.

An- und Abreise mit dem Auto

Mit dem eigenen PKW erreichen Sie Tauberbischofsheim über die A 81 und die Anschlussstelle Tauberbischofsheim bzw. die B 27 oder die B 290. Der nächste Park&Ride Parkplatz befindet sich in Distelhausen, direkt an der B 290.

Für die Rückreise mit der Bahn von Speyer nach Tauberbischofsheim müssen Sie mit 3 Umstiegen und einer Fahrtzeit von etwa 3 Stunden rechnen.

Rad & Bahn

Einige Teile des Radwegs können Sie auch per Bahn abkürzen. So fährt etwa eine Regionalbahn von Walldürn nach Buchen und Sie können den Abschnitt zwischen Buchen und Mosbach ebenso mit der Regionalbahn über Seckach umfahren. Die gesamte Strecke von Mosbach bis Speyer wird von einer S-Bahnlinie begleitet.

Rad & Bus

An Wochenenden und Feiertagen ist zwischen Eberbach, Waldbrunn und Mudau der „NeO-BUS", ein Rad- und Wanderbus mit kostenloser Fahrradmitnahme, unterwegs.
BRN Busverkehr Rhein-Neckar GmbH: ☏ 06281/51152, www.dbregiobus-bawue.de

Übernachtung

Bei unseren Recherchen haben wir eine größtmögliche Auswahl für Sie zusammengestellt. Für alle, die Alternativen oder einfach noch mehr Anbieter suchen, gibt es nachfolgende Internet-Adressen, die auch Beherbergungen anderer Art anbieten:
Der ADFC-Dachgeber funktioniert nach dem Gegenseitigkeits-

prinzip: Hier bieten Rad-
freunde anderen Touren-
radlern private Schlafplät-
ze an. Mehr darüber unter
www.dachgeber.de

Das **Deutsche Jugendher-
bergswerk** stellt sich unter
www.djh.de mit seinen vier-
zehn Landesverbänden vor.

Auch die **Naturfreunde** bieten mit ihren **Naturfreunde-
häusern** eine Alternative zu
anderen Beherbergungsarten
an, mehr unter www.natur-
freunde.de

Die Plattform Airbnb bietet
die Möglichkeit, weltweit private Unterkünfte zu suchen
und zu buchen. Infos dazu
und Anbieter finden Sie auf:
www.airbnb.com

Unter www.camping.info finden
Sie flächendeckend den **Campingplatz** nach Ihrem Geschmack.
Weiterhin bietet **Bett+Bike**
unter www.bettundbike.de zu-

sätzliche Informationen zu den beim ADFC gelisteten Beherbergungsbetrieben in ganz Deutschland.

Mit dem E-Bike

Mittlerweile sind immer mehr Radler mit einem E-Bike unterwegs. Im Grunde sind dabei die Anforderungen dieselben, auch wenn damit längere Etappen und mehr Steigungen zurückgelegt werden können. Da auch die Leistungsfähigkeit bei unmotorisierten Radlern sehr unterschiedlich ist, haben wir schon bisher keine Etappenlängen vorgegeben.

Engstellen, Treppen oder Tragestellen, die wegen des Gewichts des E-Bikes schwer zu überwinden sind, sind in den Karten verzeichnet und wo möglich Alternativen angegeben. Wir verzichten bewusst auf das systematische Erfassen offizieller Ladestationen, da die „inoffiziellen" Ladestationen (Steckdosen) ungleich häufiger sind. Vergessen Sie das Ladekabel nicht.

Radreiseveranstalter

Eurobike, Mühlstr. 20, A-5162 Obertrum am See, ☎ 0043/6219/60866, Fax: 8272, Infohotline Deutschland: ☎ 0800 5889718 (gratis aus Deutschland) office@eurobike.at, www.eurobike.at

ADFC Baden-Württemberg, Reinsburgstr. 97, 70197 Stuttgart, ☎ 0711/5047 9410, reise@adfc-bw.de, www.adfc-radreisen.de

Zu diesem Buch

Dieser Radreiseführer enthält alle Informationen, die Sie für den Radurlaub entlang des Odenwald-Madonnen-Radwegs benötigen: Exakte Karten, ein ausführliches Übernachtungs- und Serviceverzeichnis, Stadt- und Ortspläne und die wichtigsten Informationen zu touristischen Attraktionen und Sehenswürdigkeiten.

Und das alles mit der **bikeline-Garantie**: die Routen in unseren Büchern sind von unserem professionellen Redaktionsteam auf ihre Fahrradtauglichkeit geprüft worden.

Um höchste Aktualität zu gewährleisten, nehmen wir nach der Befahrung Korrekturen von Lesern bzw. offiziellen Stellen bis Redaktionsschluss entgegen, die dann jedoch teilweise nicht mehr an Ort und Stelle verifiziert werden können.

Die Radtour ist nicht in Tagesetappen sondern in logische Abschnitte aufgeteilt, weil die Tagesleistung zu sehr davon abhängt, wie sportlich oder genussvoll Sie die Strecke in Angriff nehmen möchten.

Die Karten

Die Detailkarten sind im Maßstab 1:50.000 erstellt. Dies bedeutet, dass 1 Zentimeter auf der Karte einer Strecke von 500 Metern in der Natur entspricht. Zusätzlich zum genauen Routenverlauf informieren die Karten auch über die Beschaffenheit des Bodenbelages (befestigt oder unbefestigt), Steigungen (leicht oder stark), Entfernungen sowie über kulturelle, touristische und gastronomische Einrichtungen entlang der Strecke.

Beachten Sie, dass die empfohlene Hauptroute immer in Rot und Violett, Varianten und Ausflüge hingegen in Orange dargestellt sind. Die genaue Bedeutung der einzelnen Symbole

bikeline

Das neue Buchprojekt von Verlag Esterbauer

bikeline Bildband

FlussRadwege
Deutschland
Die schönsten Raderlebnisse
an deutschen Flüssen

Bildband FlussRadwege Deutschland

Die schönsten Raderlebnisse an deutschen Flüssen

336 S., 1. Aufl., ISBN 978-3-85000-691-0, € 29,90

wird in der Legende auf den Seiten 4, 5 und 6 erläutert.

Höhen- und Streckenprofil

Das in der Einleitung dargestellte Höhen- und Streckenprofil gibt Ihnen einen grafischen Überblick über die Steigungsverhältnisse, die Länge und die wichtigsten Orte entlang der Radroute. Es können in diesem Überblick nur die markantesten Höhenunterschiede dargestellt werden, jede einzelne kleinere Steigung wird in dieser grafischen Darstellung nicht berücksichtigt. Die Steigungs- und Gefälleverhältnisse entlang der Route finden Sie im Detail mit Hilfe der Steigungspfeile in den genauen Karten.

Der Text

Der Textteil beinhaltet kurze Ortsinfos und Ortsbeschreibungen sowie kompakte Textpassagen mit relevanten

Streckeninformationen. Unter dem jeweiligen Ortsbalken finden Sie folgende Informationen aufgelistet: Adresse der Einrichtung, Öffnungszeiten-Kategorie, Telefonnummer, Weblink und Kurzbeschreibung

Öffnungszeiten – Kategorien

- ⊙ Öffnungszeiten
- ⓐ frei zugänglich
- ⓣ täglich
- ⓗ häufig (5-6 Tage/Wo.)
- ⓓ durchschnittlich (3-4 Tage/Wo.)
- ⓢ selten (bis 2 Tage/Wo.)
- ⓒ nach tel. Anfrage

Diese Angaben gelten während der Radsaison und dienen als Orientierungshilfe. Die tagesaktuellen Öffnungszeiten finden Sie über den Weblink.

Weblink
Im Ortsdatenblock bei dem jeweiligen touristischen Eintrag befindet sich nach dem @ Symbol eine sechsstellige Zahlen- und Buchstabenkombination *(z. B. @ abc123)*. Die Eingabe dieser Weblink-ID auf unserer Internetseite www.esterbauer.com leitet Sie direkt auf die entsprechende Webseite weiter und ersetzt somit die mühsame Eingabe ellenlanger Webadressen.

Übernachtungs- und Serviceverzeichnis
Auf den letzten Seiten dieses Radtourenbuches sind zu fast allen Orten entlang der Strecke eine Vielzahl von Übernachtungsmöglichkeiten aufgelistet, vom einfachen Zeltplatz bis zum 5-Sterne-Hotel. Zusätzlich finden Sie umfangreiche Informationen zu Radwerkstätten und Radverleihstationen.

Von Tauberbischofsheim nach Buchen

37,4 km

HM/km: ↗ 9,7 (364m)   ↘ 5,7 (213m)   Radweg: 60 %   Unbefestigt: 0 %   Verkehr: 8 %

Der Startpunkt des Odenwald-Madonnen-Radwegs ist die historische Altstadt der Fechterstadt Tauberbischofsheim. Aus der Stadt heraus radeln Sie bald an zahlreichen Weingütern vorbei und durch das Liebliche Taubertal nach Königheim. Sie durchstreifen Hardheim im malerischen Erfatal und die Gemeinde Höpfingen auf Ihrem Weg ins Herz des Madonnenländchens. Hier liegt der Wallfahrtsort Walldürn mit seiner barocken Basilika „Zum heiligen Blut" und einer aufregenden Geschichte, die sich bis in die Römerzeit zurückverfolgen lässt. Von Walldürn aus ist es nicht weit bis in den Erholungsort Buchen an der Grenze zwischen Bauland Odenwald. Der mittelalterliche Stadtkern ist sehenswert.

Sie radeln überwiegend auf asphaltierten Radwegen und ruhigen Straßen und Wirtschaftswegen. Kurze verkehrsreiche Abschnitte gibt es bei Weikerstetten, in Hardheim und im Stadtgebiet von Walldürn.

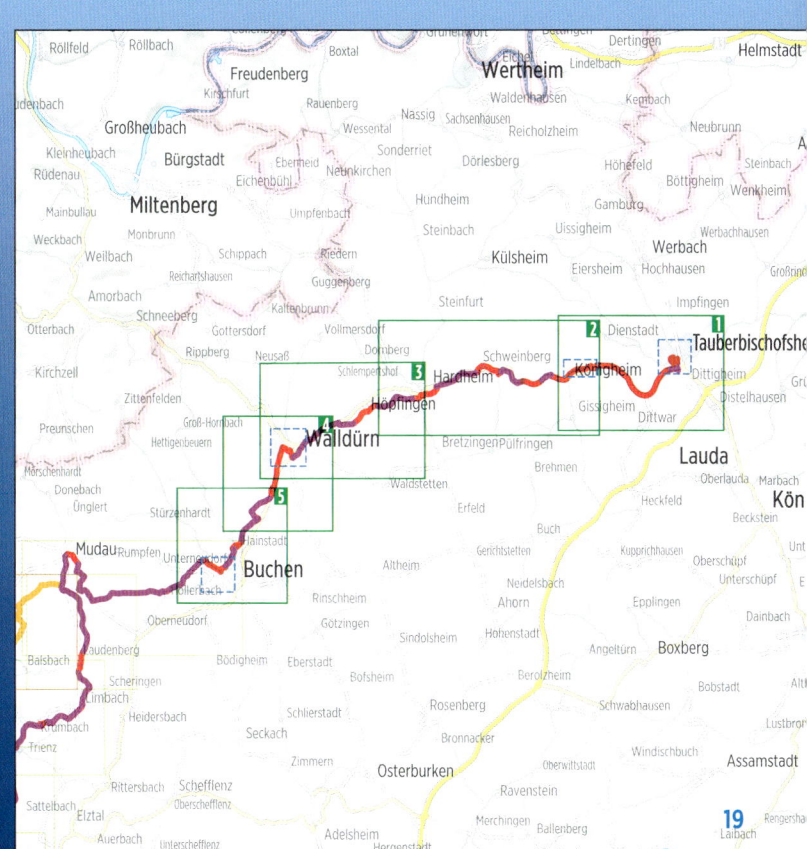

1 Tauberbischofsheim

Vorwahl: 09341

ℹ️ Tourist-Information, Marktpl. 8, ☎ 80333, ☎ 80313, @ nic471

🏛 Tauberfränkisches Landschaftsmuseum im Kurmainzischen Schloss, Schlosspl. 7, ☎ 897734 ♿ Die Ausstellung bietet einen Überblick über verschiedene Aspekte der Regionalgeschichte. Gezeigt werden u. a. prähistorische Funde, kirchliche Kunst, barocke Möbel, Trachten und bäuerlicher Hausrat. Sehenswert sind die Kopien der Tauberbischofsheimer Tafel, die von Matthias Grünwald gemalt wurde, sowie das Stadtmodell „Bischofsheim in der Mitte des 18. Jhs.". @ bxe666

🏛 VS-Schulmuseum, Hochhäuser Str. 8, ☎ 880, ☎ 80333 Ⓒ Neben einer Reise durch die Geschichte und Entwicklung nationaler und internationaler Schularchitektur zeigt das Familienunternehmen VS zahlreiche eigene Schulmöbel-Exponate aus dem 20. Jh. bis in die Gegenwart. @ lhi524

🚹 Stadtkirche St. Martin, St. Lioba Pl. Erbaut in den Jahren 1910-14 im neugotischen Stil, enthält die Kirche mittelalterliche Kunstwerke, u. a. ein Steinrelief des Hl. Martin aus dem 9. Jh. und einen Marienaltar aus dem 16. Jh. mit Figuren aus der Riemenschneiderwerkstatt. Außerdem zahlreiche Kunstwerke von Thomas Buscher.

🚹 Ehem. Franziskanerkloster, Hauptstr. 33-35. Von 1629 bis zur Aufhebung im Jahr 1823 war es ein Kloster des Franziskanerordens. Der sehenswerte Klosterhof wurde zwischen 1982-1985 saniert, seit dem Umbau ist hier die Stadtverwaltung ansässig.

🚹♿ Kurmainzisches Schloss mit Türmersturm, Schlosspl. 7, ☎ 3760. Mit dem Bau des weitläufigen Gebäudekomplexes wurde im Jahr 1250 begonnen. Bis ins 16. Jh. hinein wurde es mehrmals verändert und erweitert. Der Türmersturm ist das Wahrzeichen der Stadt.

✳️ Historische Altstadt. Die interessantesten Häuser gruppieren sich um den Markt-

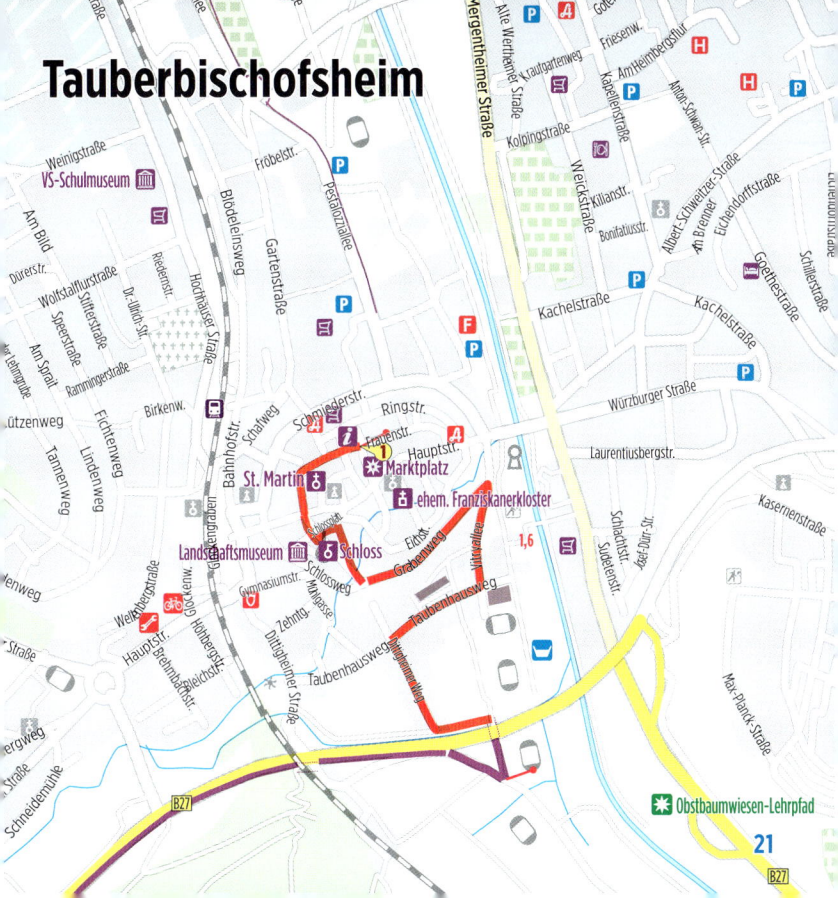

Tauberbischofsheim

Weinigstraße
VS-Schulmuseum
Am Bild
Dürerstr.
Wolfstalflurstraße
Stifterstraße
Speerstraße
Am Sprit
Im Lehmgrube
Ramningerstraße
Riedenstr.
Dr.-Ulrich Str.
Hochhauser Straße
Blödeleinsweg
Gartenstraße
Fröbelstr.
Pestalozzistraße

Birkenw.
Lützenweg
Fichtenweg
Tannenweg
Lindenweg
Lindenweg
Schafweg
Bahnhofstr.
Schmiederstr.
Ringstr.
Frauenstr.
Hauptstr.
St. Martin
Marktplatz
ehem. Franziskanerkloster
Landschaftsmuseum
Schloss
Gymnasiumstr.
Schlossweg
Eckstr.
Grabenweg
Taubenhausweg
1,6

Weberbergstraße
Hauptstr.
Brehmbachstr.
Bleichstr.
Zehntg.
Zehnthof
Mühlgasse
Dittigheimer Straße
Taubenhausweg
Königheimer Weg
Königheimer Weg
Straße
Schneidemühle
ergweg
Straße
B27

Mergentheimer Straße
Alte Werthheimer Straße
Trautpartenweg
Friesenw.
Kolpingstraße
Weickstraße
Kilianstr.
Bonifatiusstr.
Kabelerstraße
Anton-Schweiter-Str.
Albert-Schweiter-Straße
Am Brenner
Eichendorffstraße
Goethestraße
Schillerstraße
Kachelstraße
Kachelstraße
Würzburger Straße
Laurentiusbergstr.
Schlachtstr.
Sudelenstr.
Kasernenstraße
Max-Planck-Straße
Josef-Dürr-Str.

Obstbaumwiesen-Lehrpfad

21

B27

Marktplatz und Rathaus in Tauberbischofsheim

platz: das neugotische Rathaus, Fachwerkgebäude wie die Alte Post und die Sternapotheke, ein Barockpalais, das „Mackert'sche Haus" u. v. m.

❇ **Kanuverleih Main-Tauber**, ☏ 0171/6958246. Kanu-, Kayak- u. SUP-Verleih auf Main und Tauber. @ ynl177

❇ **Weinlehrpfad**, Edelberg, ☏ 0173/7599433 @ Auf dem Weinlehrpfad durch das städtische „Rebgut Edelberg" erkunden Sie auf rund 8,5 ha den Lebensraum Weinberg und lernen sieben verschiede-

ne Rebsorten kennen. Fachkundige Führung mit Weinprobe auf Anfrage. @ jrw887

✉ **Frankenbad**, Vitryallee, ☏ 95682
Ursprünglich eine Merowingersiedlung, erhielt im 8. Jahrhundert Bischof Bonifatius die Pfalz nach einer Schenkung durch Karl Martell. 735 gründete der Bischof hier mit seiner Verwandten, der Heiligen Lioba, das erste deutsche Frauenkloster. Die Töchter angesehener fränkischer Familien wurden in dem Kloster unterrichtet, ohne sich zum

Ordenseintritt verpflichten zu müssen. Vom Kloster ist heute kein Stein mehr zu sehen. Seinen wirtschaftlichen Aufstieg verdankt das hübsche Städtchen dem erfolgreichen Weinbau und der vorbeiführenden Handelsstraße von Frankfurt nach Nürnberg. Ende des 13. Jahrhunderts erhielt der blühende Ort als mainzische Amtsstadt das Stadt- und Marktrecht. Gleichzeitig wurde mit dem Bau der Stadtbefestigung und des Schlosses begonnen. Der Turm des Schlosses, der Türmersturm – der einzig übriggebliebene von ursprünglich 20 Türmen der Stadtbefestigung – entging 1848 knapp seinem Abriss und stellt heute das Wahrzeichen von Tauberbischofsheim dar. Die Blütezeit der Stadt nahm mit dem Bauernkrieg ein jähes Ende, da sie aufgrund ihrer Beteiligung die Selbstverwaltung und Privilegien verlor und der Mainzer Erzbischof eine neue Stadtordnung einführte, welche die Rechte der Bürger stark einschränkte.

Heute ist die Kreisstadt des Main-Tauber-Kreises berühmt für ihre historische Altstadt

Tauberbischofsheim

mit Bauwerken aus verschiedenen Epochen und schmucken Fachwerkhäusern, darüber hinaus genießt sie als Mekka des Fechtsports international hohes Ansehen.

Sie starten vor dem Rathaus von Tauberbischofsheim in die **St.-Lioba-Straße** und fahren zum **Schloßplatz**. Am Türmersturm vorbei gelangen Sie zum **Grabenweg**, dem Sie bis zum **Badgarten** folgen. Hier im spitzen Winkel in die **Vitryallee** und weiter über den **Taubenhausweg** und den **Dittigheimer Weg**. Unterqueren Sie erst die **B 27** und folgen Sie anschließend dem straßenbegleitenden Radweg nach Königheim.

2 Königheim

Vorwahl: 09341

- 🛈 **Bürgermeisteramt**, Kirchpl. 2, ✆ 92090, @ tgv551
- ⛪ **Pfarrkirche St. Martin**, Kirchpl. 6. Im 18. Jh. nach Plänen des Ingenieurhauptmanns Michael Anton Müller erbaut, der Schüler von Balthasar Neumann in Würzburg gewesen war.

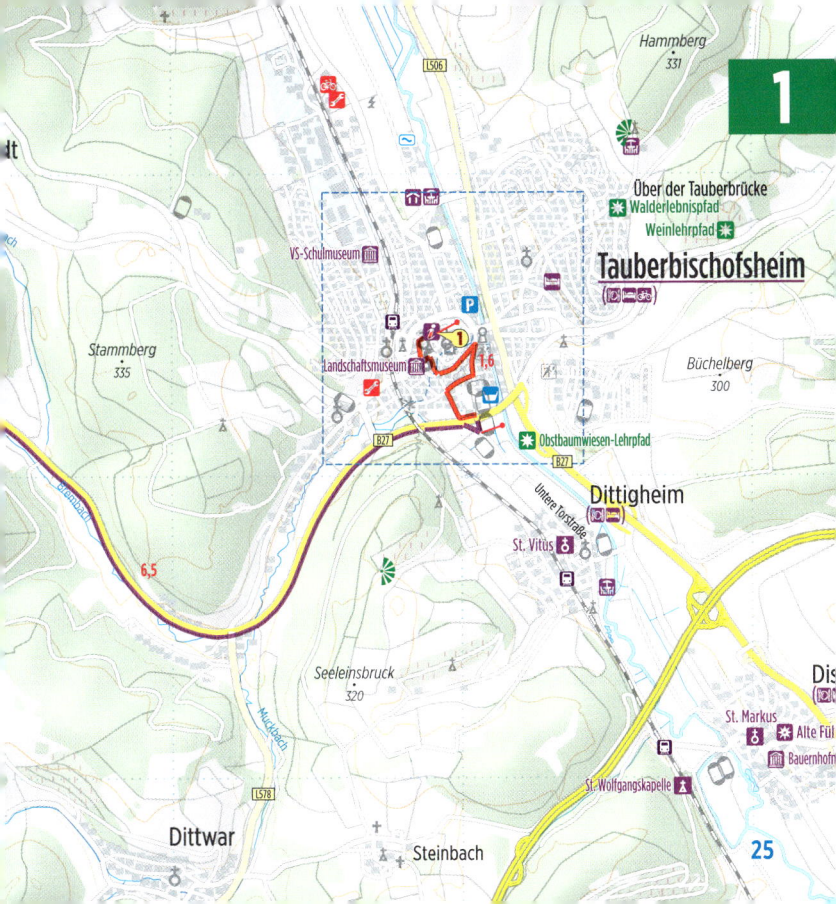

1

Hammberg
331

L506

Über der Tauberbrücke
✳ Walderlebnispfad
Weinlehrpfad ✳

Tauberbischofsheim

VS-Schulmuseum 🏛

P

1 🔴

Stammberg
335

Landschaftsmuseum 🏛

1,6

Büchelberg
300

B27

✳ Obstbaumwiesen-Lehrpfad

B27

Untere Torstraße

Dittigheim

6,5

St. Vitüs

Seeleinsbruck
320

Dis

St. Markus
✳ Alte Fül

Bauernhofm

St. Wolfgangskapelle

L578

Dittwar

Steinbach

- ❂ **Fachwerkhäuser**. Sehenswerte Fachwerkhäuser rund um den Kirchplatz wie das Rathaus (1707) und das Pfarrhaus (1882) gehören zu den architektonischen Kleinoden der Gemeinde.
- ❂ **Weinblütenfest**. Eines der wichtigsten und schönsten Feste der Gegend, welches jährlich am letzten Juni-Wochenende stattfindet. @ yhs125

Königheim wird von seinen Bewohnern wegen seiner vielen Brücken über den Brehmbach „Klein-Venedig" genannt. Besonders sehenswert in dem idyllisch gelegenen kleinen Ort im Brehmbachtal ist die Barockkirche. Sie wurde im 18. Jahrhundert nach Plänen des Ingenieurhauptmanns Michael Anton Müller erbaut, der Schüler von Balthasar Neumann in Würzburg gewesen war. Der Baldachin-Hochaltar stammt, wie die beiden Seitenaltäre und die Kanzel, von dem Würzburger Bildhauer Daniel Kohler und dem Kunstschreiner Josef Steinbüchler. Die aufwändigen Stuckarbeiten wurden von Johann Michael Winneberger aus Mergentheim ausgeführt. Die Fresken stammen von dem Tiepolo-Schüler Georg Anton Urlaub, der das zentrale Deckengemälde Tiepolos „Anbetung der Könige" nachempfand. In einer Nische im doppelläufigen Treppenaufgang befindet sich eine besondere Sehenswürdigkeit: die spätgotische Darstellung der Ölbergszene aus der Tilmann Riemenschneider-Schule. In Tauberfranken zählt Königheim zusammen mit seinem Ortsteil Gissigheim zur zweitgrößten Winzergemeinde. Auf knapp 100 ha Rebfläche wird Wein angebaut, der bei geselligen Weinproben direkt bei den Winzern verkostet werden kann. Neben den „Träublebildstöcken" zeugen die prächtigen Rundbogentore der alten Weinhöfe mit den Neidköpfen im Schlussstein und das alljährliche Weinblütenfest von der Weintradition.

Hinter Königheim fahren Sie größtenteils auf Radwegen weiterhin nahe der **B 27**. Bei **Weikerstetten** wechseln Sie die Straßenseite und fahren nach Schweinberg.

3 Schweinberg (Hardheim)

- ❂ **Burg Schweinberg**, Burgweg. Die Burg Schweinburg (vermutlich 11. oder

Königheim

Basiskarte © OpenStreetMap Contributors

12. Jh.) kontrollierte im Mittelalter eine Straße zwischen Tauberbischofsheim und Würzburg. Erhalten sind ein etwa 15 m hoher Stumpf des Bergfrieds, der Unterbau eines Artillerie-Rondells aus dem 15. Jh. und Reste einer Mauer. Vom Bergsporn aus hat meine gute Aussicht über das Dorf und das Erftal. Radeln Sie auf der **Königheimer Straße** durch Schweinberg. Nachdem Sie die **B 27** unterquert haben, folgen Sie dem Radweg nach Hardheim.

4 Hardheim

Vorwahl: 06283

🏛 **Erfatalmuseum**, Schlossplatz 6, 📞 580, 📞 8842. Neben einer umfangreichen lokalgeschichtlichen Sammlung widmet sich eine Abteilung des Museums dem Leben und Wirken des in Hardheim geborenen Raumfahrtpioniers Dr. Walter Hohmann. @ opo538

⛪ **St. Alban**, Schlossplatz 4. Der „Erfataldom" ersetzte ab 1894 eine gotische Vorgängerkirche.

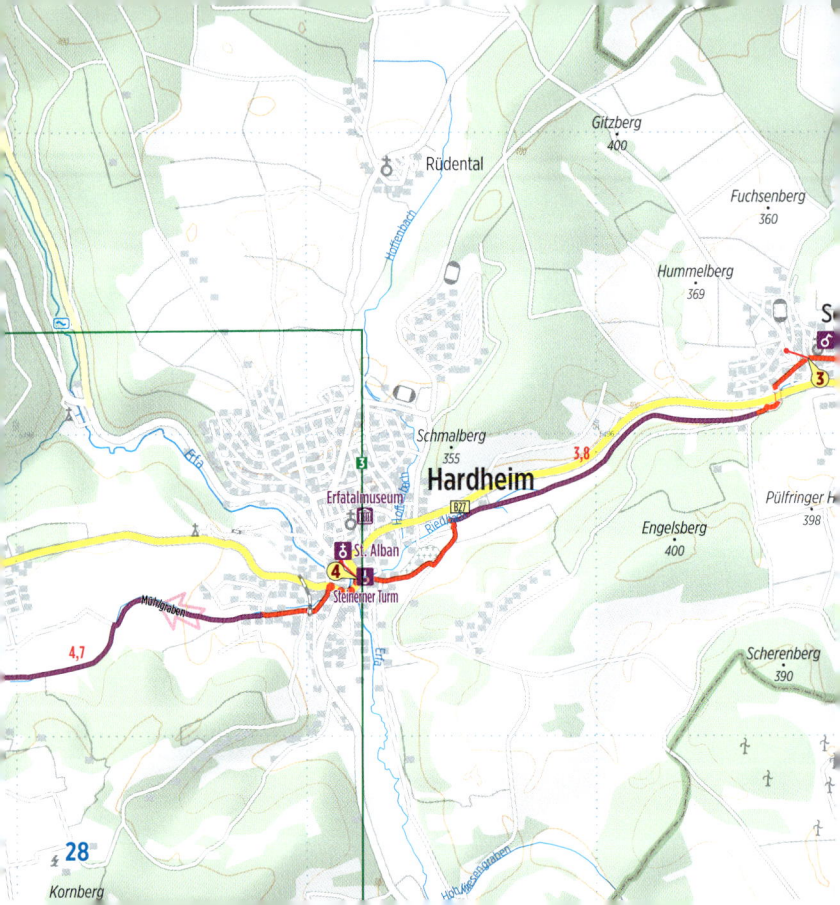

Rüdental

Gitzberg
400

Fuchsenberg
360

Hummelberg
369

S

3

Schmalberg
355

Hardheim

3,8

Pülfringer H
398

Erfatalmuseum

B27

Engelsberg
400

St. Alban

4

Steinerner Turm

Mühlgraben

Scherenberg
390

4,7

28

Kornberg

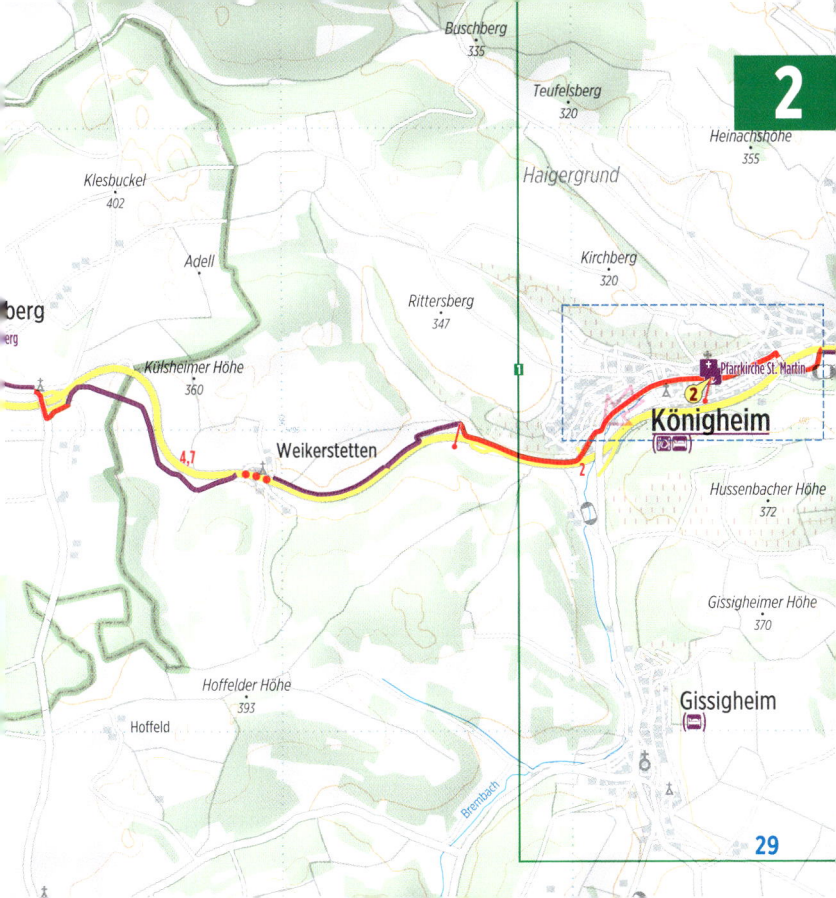

⑥ Schloss Hardheim. Junker Wolf von Hardheim und seine Ehefrau Margareta von Berlichingen ließen das Schloss erbauen, das 1561 von Baumeister Urban Khaltschmid von Lindau fertiggestellt wurde. Seit 1929 befindet sich hier die Gemeindeverwaltung von Hardheim.

⑥ Steinerner Turm. Das „Untere Schloss" von Hardheim wurde 1444 zerstört. Der Steinerne Turm mit seiner imposanten Höhe von 30 m erinnert an das alte Gebäude.

✳ Marstallgebäude, Schloßplatz 3. Während das Hardheimer Schloss im 16. Jh. neu gebaut wurde, residierte die Herrscherfamilie in diesem Haus mit dem auffälligen gotischen Treppengiebel. Im 19. Jh. wurde das Gebäude als Spital genutzt.

Entlang des **Mühlgrabens** radeln Sie nach Höpfingen. Hinter Höpfingen nähern Sie sich wieder der **B 27**, die Sie nach Walldürn begleiten.

Höpfingen

⬟ Familienbad Höpfingen, Jahnstr. 12, ☏ 06283/6628, @ uhc336

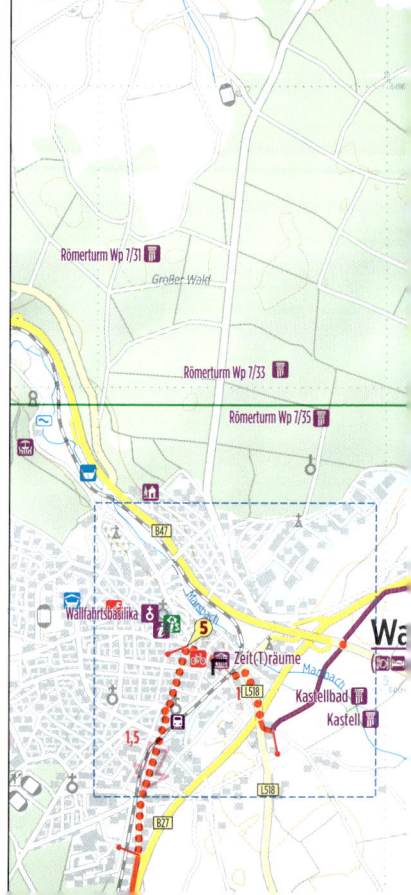

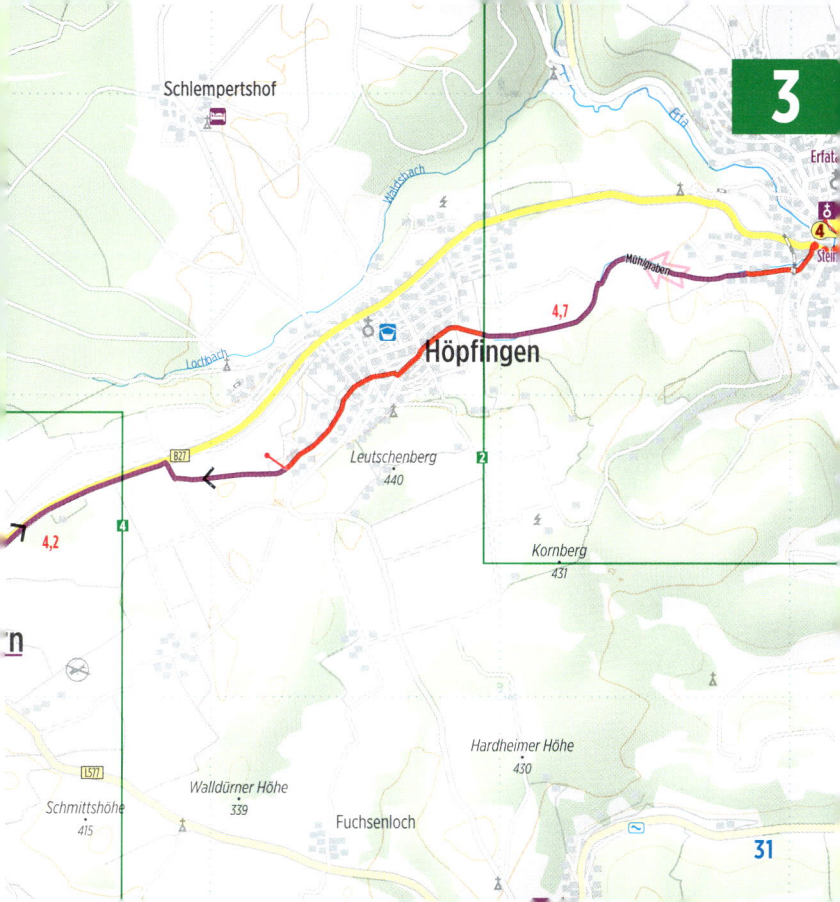

Schlempertshof

Waldsbach

Erfa

3

Erfat

Stei

Mühlgraben

4,7

Lochbach

Höpfingen

B27

Leutschenberg
440

2

4,2

4

Kornberg
431

n

L577

Schmittshöhe
415

Walldürner Höhe
339

Fuchsenloch

Hardheimer Höhe
430

Walldürn

Wallfahrtsbasilika

Hist. Rathaus

Elfenbeinmuseum

Zeit(T)räume

Kastellb

5 Walldürn

Vorwahl: 06282

- **Tourist-Information**, Hauptstr. 27, ☎ 67107 🖷, @ bvv428
- **Elfenbeinmuseum**, Burgstr. 24, ☎ 92030, ☎ 67107 🖷 Das Museum zeigt eine Sammlung aus Elfenbeinschnitzereien des 13. bis 20. Jhs. sowie Mobiliar mit Elfenbein-Einlegearbeiten. @ bgw761
- **Zei(t)räume**, Untere Vorstadtstr. 45, ☎ 6334 🖷 Die Sammlung besteht aus Uhren, mechanischen Musikinstrumenten und Spielzeug aus dem 19. Jh. @ jvp634
- **Wallfahrtsbasilika zum Heiligen Blut**, Burgstr. 26. Die katholische Kirche (1698-1728) aus rotem Sandstein wurde im Jahr 1962 von Papst Johannes XXIII. zur Basilica minor erhoben. @ bak416
- **Kastellbad** 🖷 Vom 0,8 ha großen Kastell Walldürn kann man heute noch die freigelegten und konservierten Grundmauern das Bades besichtigen. Es wurde erstmals um das Jahr 150 aufgebaut und etwa 60 Jahre später abgerissen und neu errichtet. Um 262 n. Chr. wurde das Kastell samt Bad

Wundervolles

Walldürn

Das Radel-Eldorado mit abwechslungsreichem Radwegenetz im Odenwald

Kostenloses Info-Paket:

Tourist- & Freizeit Info
Tel. 06282 - 67 105
Mail: tourismus@wallduern.de

Ankommen, Staunen und Wohlfühlen

walldürn.de

Walldürn

vermutlich Opfer der Alamannen und brannte bis auf die Grundmauern nieder.

* **Historisches Rathaus**, Hauptstr. 27, ☎ 67106, ☎ 67107. Bis ins Jahr 1858 besaß das Rathaus (1448) unten eine offene, auf Holzpfeilern stehende Halle, in der Markt abgehalten wurde. Auch das Fachwerk wurde erst im Jahr 1927 freigelegt.

* **Geopark Infozentrum**, Hauptstr. 27, ☎ 67108, ☎ 67106 ♿ Auf einer Fläche von etwa 3500 km² treffen sich die geologischen Grenzen von Buntsand-

stein, Muschelkalk und Keupers. Mit Geopfaden, Geopunkten u. Info-Stationen. @ vgy683

* **Freibad**, Miltenberger Str. 27a ♿, @ cjj841

* **Auerberg Sportbad**, Theodor-Heuss-Ring 13, ☎ 1442 ♿, @ xmt317

Walldürn kann auf eine über 1.200-jährige Geschichte zurückblicken. Der Ort, der bereits 794 nach Christus im Lorscher Codex zum ersten Mal erwähnt wird, liegt an der geologischen Grenze von Muschelkalk und Buntsandstein. Eine andere Grenzlinie

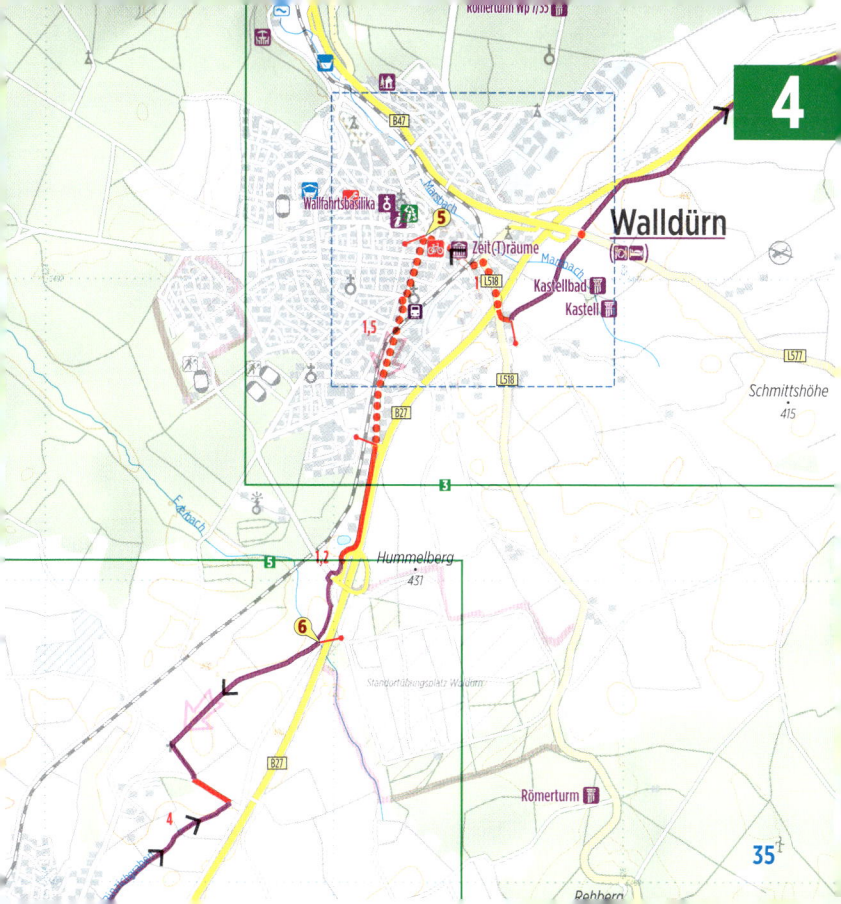

Walldürn

4

Wallfahrtsbasilika

Zeit-(T)räume

Kastellbad

Kastell

Schmittshöhe
415

Hummelberg
431

Standortübungsplatz Walldürn

Römerturm

Römerturm Wp 7/55

B47

B27

L518

L577

35

St. Oswald in Buchen

errichteten im 2. Jahrhundert nach Christus die Römer beim heutigen Walldürn: sie verlegten die Grenzen Ihres Einflussbereiches in der Obergermanisch-Raetischen Provinz um 80 Kilometer nach Osten. Steinerne Zeugen aus dieser Zeit wie das Römerbad und die Wachtturmfundamente am UNESCO-Welterbe Limes können heute besichtigt werden.

Seit dem späten Mittelalter, nach dem Aussterben der Herren von Dürn, lenkten die Bischöfe von Mainz und Würzburg die Geschicke der Stadt, in der laut Legende im Jahr 1330 während der Eucharistiefeier ein Blutwunder passierte. Zentraler Gegenstand der Verehrung ist bis heute das sogenannte Blutkorporale (Altartuch), auf dem sich durch den umgestoßenen Messwein elf Häupter Christi gebildet haben. Dieses Tuch wird bis heute in der majestätischen barocken Wallfahrtsbasilika verehrt. Seit dem 17. Jahrhundert pilgern jährlich über Hunderttausend Wallfahrer in die Basilika zum Heiligen Blut. Im 18. Jahrhundert gehörte

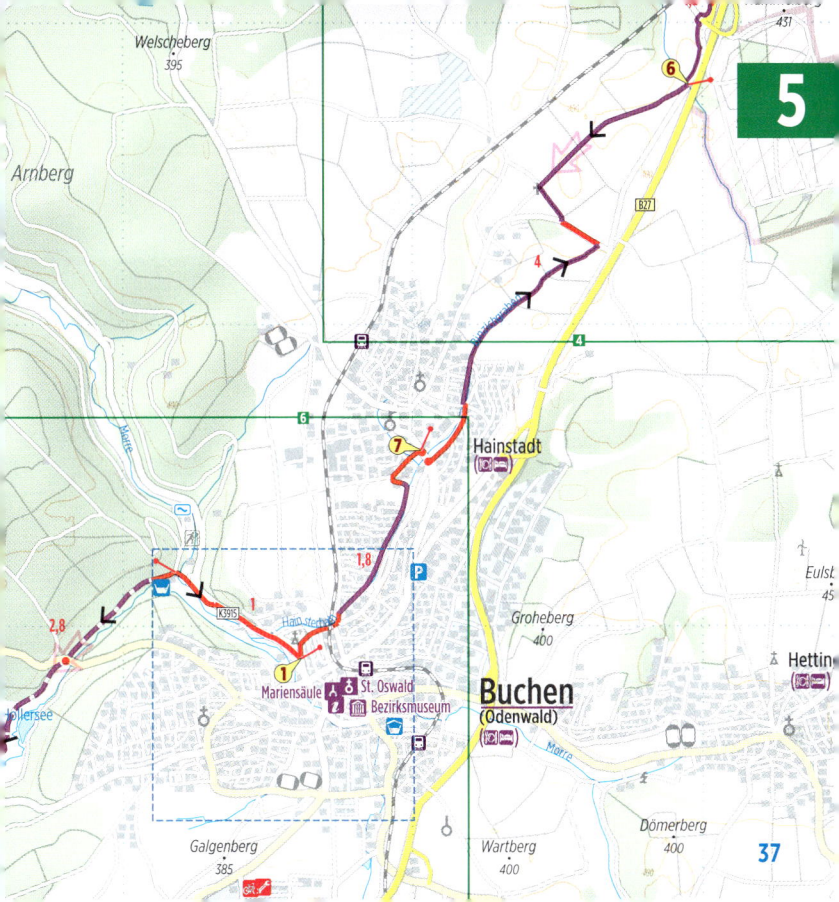

5

Welscheberg
395

Arnberg

431

6

B27

4

4

Hainstadt

7

6

1,8

P

2,8

K395

Haag-straße

1

Jollersee

1

Mariensäule
St. Oswald
Bezirksmuseum

Buchen
(Odenwald)

Groheberg
400

Eulst.
45

Hettin

Galgenberg
385

Wartberg
500

Dömerberg
400

Walldürn zu den größten Wallfahrtsorten Europas. Ein Erbe, das man der Stadt bis heute ansieht.

Historisch betrachtet dominieren neben der Wallfahrtsindustrie zum einen die Waldbewirtschaftung und zum anderen der Grünkernanbau im Bauland mit seinen typischen Darren-Häuschen das Landschaftsbild. Für alle Aktivurlauber ermöglichen zahlreiche Wander- und Radwege erholsame Ausflüge in die Landschaft.

Sie verlassen Walldürn in Richtung Süden. **6** Nach der Brücke über den Eiderbach fahren Sie nach rechts auf den Wirtschaftsweg. Durch die Felder und später entlang des **Binzichgrabens** fahren Sie nach Buchen.

7 Hainstadt (Buchen (Odenwald))

Buchen (Odenwald)

Vorwahl: 06281

🛈 **Stadt Buchen**, Wimpinapl. 3, ✆ 31-0, @ ycr217

🛈 **Tourist Info**, Hochstadtstr. 2, ✆ 2780 ⊜, @ xfx465

Willkommen in **BUCHEN**
(Odenwald)

Besuchen Sie die Altstadt, unsere Tropfsteinhöhle oder gehen Sie auf Erkundungstour per Rad oder per Pedes!

www.buchen.de

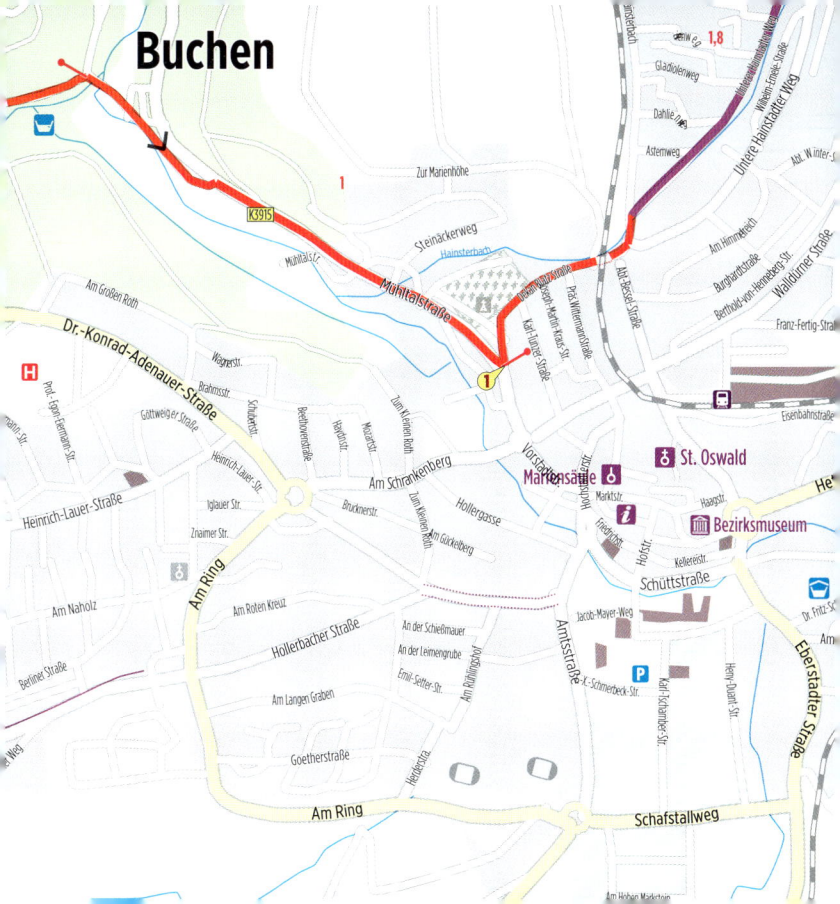

🏛 **Bezirksmuseum**, Kellereistr. 25-29 ◌ Die reichhaltige volkskundliche Sammlung verteilt sich auf zwei Gebäude der ehemaligen kurmainzischen Amtskellerei. Der „Steinerne Bau" (1493) beherbergt stilecht eingerichtete bäuerliche und bürgerliche Stuben und zeigt Odenwälder Trachten sowie eine Spielzeugsammlung. Im Obergeschoss finden Sonderausstellungen statt. Im „Trunzerhaus" befindet sich u.a. die Joseph-Martin-Kraus-Gedenkstätte mit persönlichen Erinnerungsgegenständen des Komponisten (1756-1792). @ tca547

🛡 **St. Oswald**, Wimpinapl. 1. Die ursprüngliche Peterskirche wurde im 14. Jh. durch einen gotischen Neubau ersetzt und im Jahr 1341 zu Ehren der Hl. Maria, der Apostel Petrus und Paulus sowie des Hl. Oswald geweiht. Es folgten Umbauten im frühen 16. Jh. und eine Erweiterung in den Jahren 1958-1961.

🛡 **Stadtturm**, Marktstr. Die zwei unteren, frühgotischen Geschosse der ehemaligen Stadtbefestigung entstanden vermutlich um das Jahr 1309, die zwei oberen um das Jahr 1490. Nach dem großen Brand im Jahr 1717 bekam der Turm das barocke Zwiebeldach.

✳ **Altes Rathaus**, Marktstr. 25. Das markanteste Wahrzeichen der Stadt wurde im Jahr 1723, nach dem großen Brand von 1717, komplett aus rotem Sandstein gebaut. @ ohl122

✳ **Mariensäule**, Hcohstadtstr. / Ecke, Marktstr. ⊛ Die Barocksäule ist das Wahrzeichen der Stadt und des Madonnenländchens. Sie wurde im Jahr 1754 errichtet. @ wbm222

🟦 **Waldschwimmbad**, Mühltalstr. 15, ✆ 535160 ♺, @ mji158

🟦 **Hallenbad**, Dr.-Fritz-Schmitt-Ring 1, ✆ 535150 ♺, @ sqv634

✳ **alla hopp!**, Am Schrankenberg ♺ Die Außenanlage bietet einen Bewegungsparcours für alle Generationen mit Geräten, die Beweglichkeit, Koordination, Ausdauer und Kraft stärken. @ ngd188

Im Jahr 1280 wurden Buchen die Stadtrechte verliehen. Bald darauf begann die etwa 500-jährige Blütezeit Buchens unter der Herrschaft der Erzbischöfe von Mainz. Die Stadt war Sitz der kurmainzischen Amtskellerei sowie eines Centgerichts und entwickelte sich zu einem bedeutenden Handelsplatz. Mit der Auflösung des Kurfürstentums Mainz 1803 und der Angliederung Buchens an das neu geschaffene Großherzogtum Baden 1806 erfuhr die blühende Entwicklung der Stadt ein jähes Ende. Die nunmehr periphere Lage an der Grenze des Herzogtums brachte der Region Namen wie „Badisches Hinterland" und „Badisch Sibirien" ein. Auch in der Industrialisierung nahm die Bedeutung der Region, die weitab großer Städte lag und über keine Rohstoffe verfügte, weiter ab. Erst in den Jahrzehnten nach dem Zweiten Weltkrieg stiegen die Einwohnerzahl und die Bedeutung wieder deutlich an, sodass sich Buchen zu einem leistungsfähigen Mittelzentrum entwickeln konnte.

Der staatlich anerkannte Erholungsort Buchen liegt im sogenannten „Madonnenländchen" im Übergangsbereich vom Odenwald zum östlich angrenzenden „Bauland". Benannt ist das Madonnenländchen nach den zahlreichen Bildstöcken, Mariensäulen und kleinen Kapellen in der Region. Am bekanntesten ist die Mariensäule in Buchen, die 1753 als Pestsäule errichtet wurde.

Buchen kann auf eine über 500-jährige närrische Tradition als Fastnachtshochburg des badischen Frankenlandes verweisen. Die alljährlichen Höhepunkte der „Buchener Faschenacht" sind der „Gänsemarsch" am Fachingssonntag und der große Rosenmontagsumzug. Die wichtigsten Figuren der Buchener Faschenacht, u. a. Blecker, Huddelbätz, Erbsenstrohbär und Krähwinkler, sind auf dem Narrenbrunnen am oberen Marktplatz künstlerisch festgehalten. An besonderen Festen auf dem oberen Marktplatz fließt aus der Figur des Bleckers Bier oder Wein.

Von Buchen nach Mosbach 39,3 km

HM/km: ↗ 5,4 (214m) ↘ 10,0 (394m) Radweg: 83 % Unbefestigt: 31 % Verkehr: 5 %

Auf Ihrem Weg von Buchen nach Mudau erklimmen Sie schon bald wieder die Höhen des südöstlichen Odenwalds, die Sie stets mit einer beeindruckenden Aussicht belohnen. Von Mudau aus fahren Sie auf der Wanderbahn, der einstigen Trasse der Schmalspurbahn zwischen Mudau und Mosbach, stetig bergab durch Limbach, Fahrenbach und Lohrbach nach Mosbach.

Auf diesem Abschnitt haben Sie die Gelegenheit eine sportliche Alternativroute von Langenelz über Wangenschwend, vorbei am Katzenbuckel bei Waldbrunn nach Zwingenberg zu fahren.

Sie fahren auf dieser Etappe vorwiegend auf der Trasse der Wanderbahn, die meist asphaltiert und nur teilweise unbefestigt doch gut befahrbar ist. In den größeren Orten treffen Sie auch auf verkehrsreiche Abschnitte.

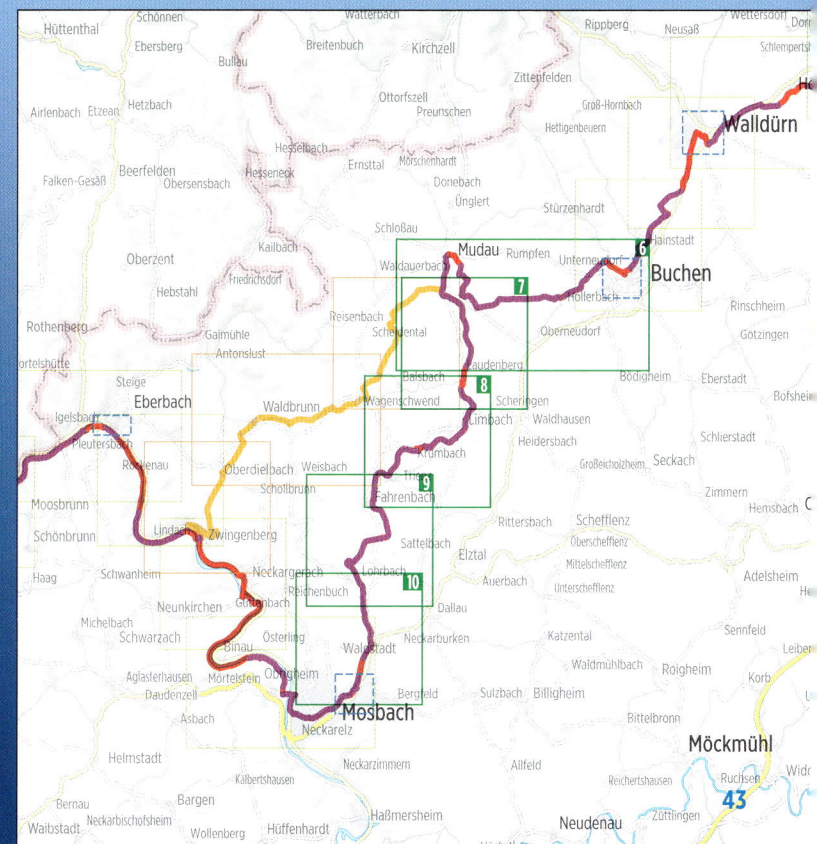

Rumpfen

Mudau

Galgen

Oberlangenelz

Mittelangenelz

Unterlangenelz

Appenauweg

Elz

Einbach

1,5

2,8

3

5

7

44

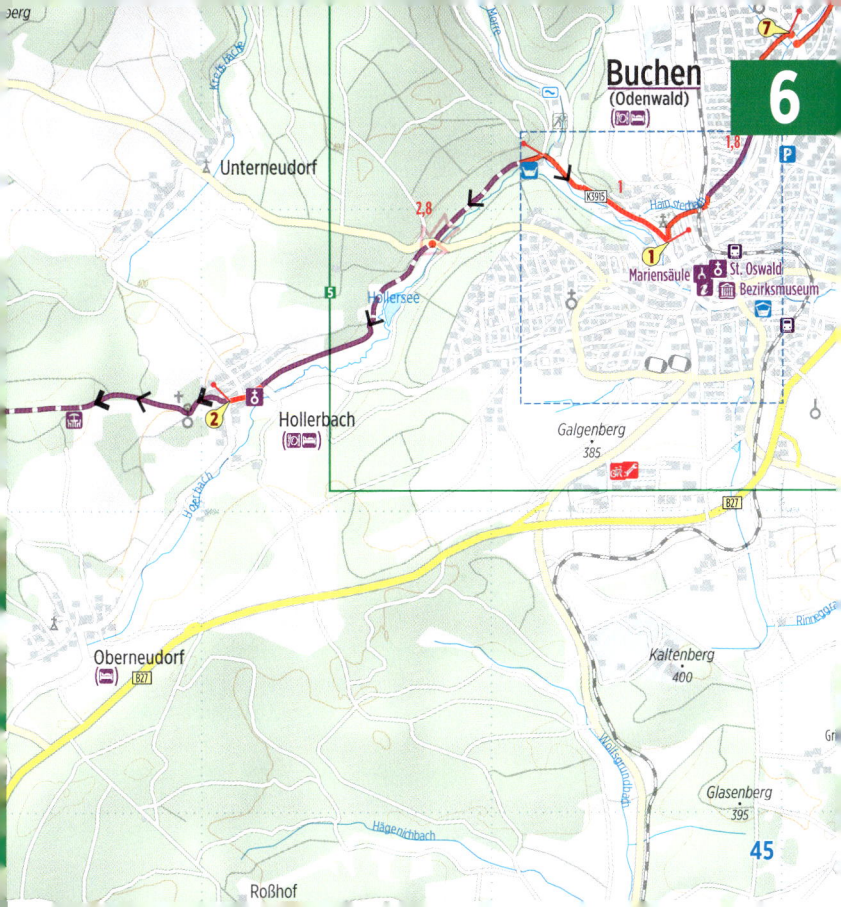

Buchen
(Odenwald)

6

7

Unterneudorf

2,8

1,8

K3915

1

Hain stetten

1,8

P

Mariensäule

St. Oswald
Bezirksmuseum

Galgenberg
385

5

Hollersee

Hollerbach

2

Oberneudorf

B27

B27

Kaltenberg
400

Glasenberg
395

Hägenichbach

Roßhof

1 Buchen (Odenwald)

Sie verlassen Buchen auf der Mühltalstraße und vorbei am Waldschwimmbad. Auf Forst- und Wirtschaftswegen geht es nach Hollerbach.

2 Hollerbach (Buchen (Odenwald))

Großteils auf unbefestigten Waldwegen fahren Sie von Hollerbach nach Mudau.

Mudau

Vorwahl: 06284

ℹ️ **Gemeinde Mudau**, Schloßauer Str. 2, ✆ 7827. mit Geo-Naturpark Außenstelle, @ tad381

🏛️ **St. Pankratius**, Kirchbrücke. Der Turm der klassizistischen Kirche (1792) stammt vermutlich noch aus dem 14. Jh.

✳️ **Alter Bahnhof**, Bahnhofstr. 3. An der ehemaligen Endstation des Odenwald-Express steht die zweite von damals vier Nassdampflokomotiven, die auf der Schmalspurbahn zwischen Mosbach und Mudau unterwegs waren.

3 Langenelz (Mudau)

TIPP Hinter Mudau, bei Langenelz, können Sie auf eine meist naturnahe, kürzere aber sportlichere Alternativroute wechseln. Diese führt Sie hügelig durch Scheidental,

Katzenbuckelturm

Oberlangenelz

Mittelang

3

Oberscheidental

Römerkastell Oberscheidental

Unterscheidental

Scheidental

L524

5

Heunenbuckel
530

Balsbach

6

8

Museum Wagenschwend

Wagenschwend

Wagenschwend und Waldbrunn und vorbei am Katzenbuckel. In Zwingenberg treffen Sie wieder auf die Hauptroute.

Scheidental (Mudau)

Römerkastell Oberscheidental. Deutliche Spuren römischer Geschichte zeigen die Reste des Kastells Oberscheidental. Hier verlief im 2. Jh. der Neckar-Odenwald-Limes. Das Kohortenkastell diente wahrscheinlich zur Überwachung des Elztales. Die konservierte Porta principalis dextra (rechtes Haupttor) liegt offen vor.

Wagenschwend (Limbach)

Museum Wagenschwend, Hauptstr. 35, ☎ 06274/95002 ⟳ ⟲ Auf vier Stockwerken erzählt das Museum anhand verschiedener Themenbereiche, wie etwa einer Barbierstube, einer Schusterwerkstatt, einem Musikzimmer und einer geologischen und mineralogischen Sammlung Geschichten aus dem Odenwald. @ ief231

Waldbrunn

Vorwahl: 06274

Reisenbacher Grund

Heunenbu

Winterhauch
545

Hardenberg
535

Museum Wagenschwend

Wagens

Waldbrunn

Mülben

4,2

Weisbach

Blick auf Waldbrunn

Tourist Info, Zu den Kuranlagen 18, in der Katzenbuckel-Therme, ☏ 928590 ✉, @ ixa818

Katzenbuckel. Der 626 m hohe erodierte Schlot eines erloschenen Vulkans ist der höchste Berg des Odenwaldes. Der Aussichtsturm (1820) auf seiner Kuppe bietet Rundsicht über die benachbarten Bergrücken des umliegenden Mittelgebirges und ist ein beliebtes Ausflugsziel.

Katzenbuckelsee. Wo sich heute wieder die Natur um das Stillgewässer ausbreitet und ein idyllisches Panorama bildet, wurde bis in die 1970er Jahre das basaltartige Katzenbuckelgestein abgebaut.

Katzenbuckel-Therme, Zu den Kuranlagen 18, ☏ 928590 ✆, @ vrv647

Zwingenberg s.S. 65

3 Die **Hauptroute** führt von Mudau auf der **Wanderbahn**, der ehemaligen Trasse des Odenwald-Express, nach Süden durch den Ortsteil Langenelz und den östlichen Ausläufer des Klingenwalds nach Laudenberg.

Der Odenwald-Express

So schnell wie ihr Name vermuten lässt, war die Schmalspurbahn von Mosbach nach Mudau gar nicht. Angeblich konnte sie höchstens den auf den Gleisen sitzenden Enten gefährlich werden, was ihr im

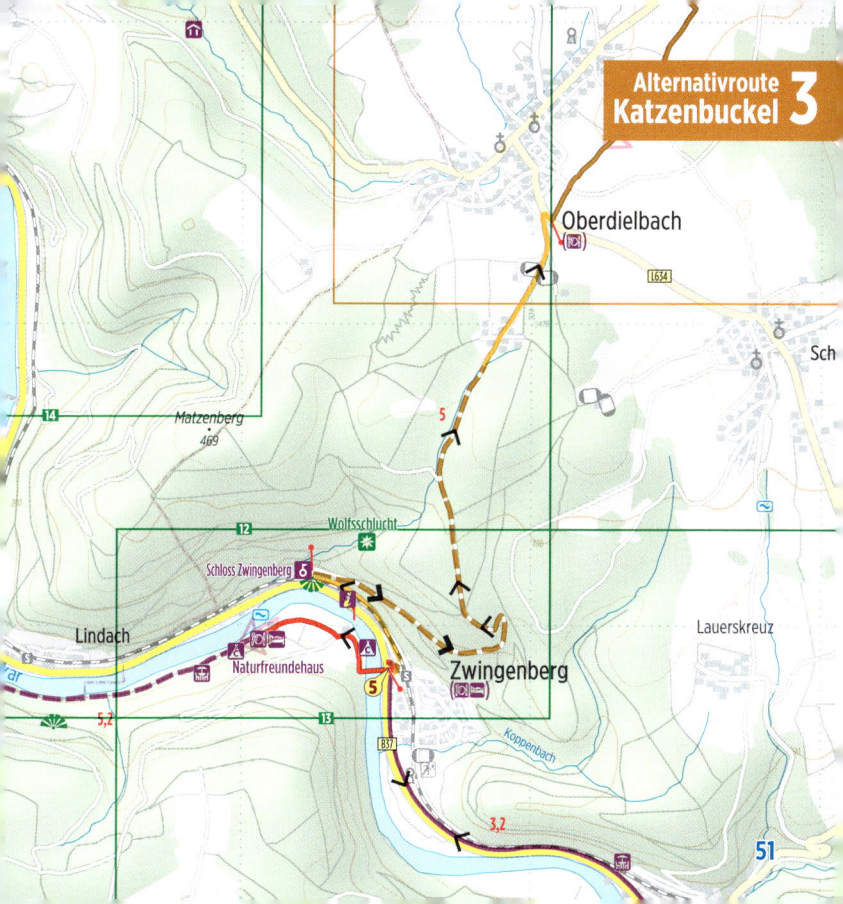

Oberdielbach

1634

Sch

14

Matzenberg
469

12

Wolfsschlucht

Schloss Zwingenberg

Lindach

Naturfreundehaus

5,2

13

5

Zwingenberg

Lauerskreuz

B37

Koppenbach

3,2

51

Torturm der Burg Lohrbach

Volksmund den Beinamen „Entenmörder" einbrachte. Sie wurde im frühen 20. Jh. im Auftrag der Großherzoglich Badischen Staatseisenbahnen gebaut, um die von Abwanderung gebeutelte Region um die Gemeinde Mudau an die bereits bestehenden Bahnlinien im südlichen Teil des Odenwalds anzuschließen. Ab dem 3. Juni 1905 verkehrte die Bahn auf einer Streckenlänge von 27,51 km zwischen den Orten Mosbach und Mudau mit vier Nassdampfloks der Berliner Lokomotivfabrik Borsig. Alle vier Lokomotiven sind noch heute erhalten, eine davon, die Betriebsnummer 99 7202, steht als Denkmallokomotive beim ehemaligen Endbahnhof in Mudau.

Buslinien und zunehmender Individualverkehr entzogen der Schmalspurbahn nach dem Zweiten Weltkrieg immer mehr Fahrgäste, sodass ab den 1960er Jahren nur noch ein Zugpaar im Einsatz war. Die Stilllegung des Gesamtverkehrs auf der Strecke erfolgte schließlich im Juni 1973. Seit 1980 dient die Trasse zwischen Hasbachtal und Mudau als Wander- und Rad-

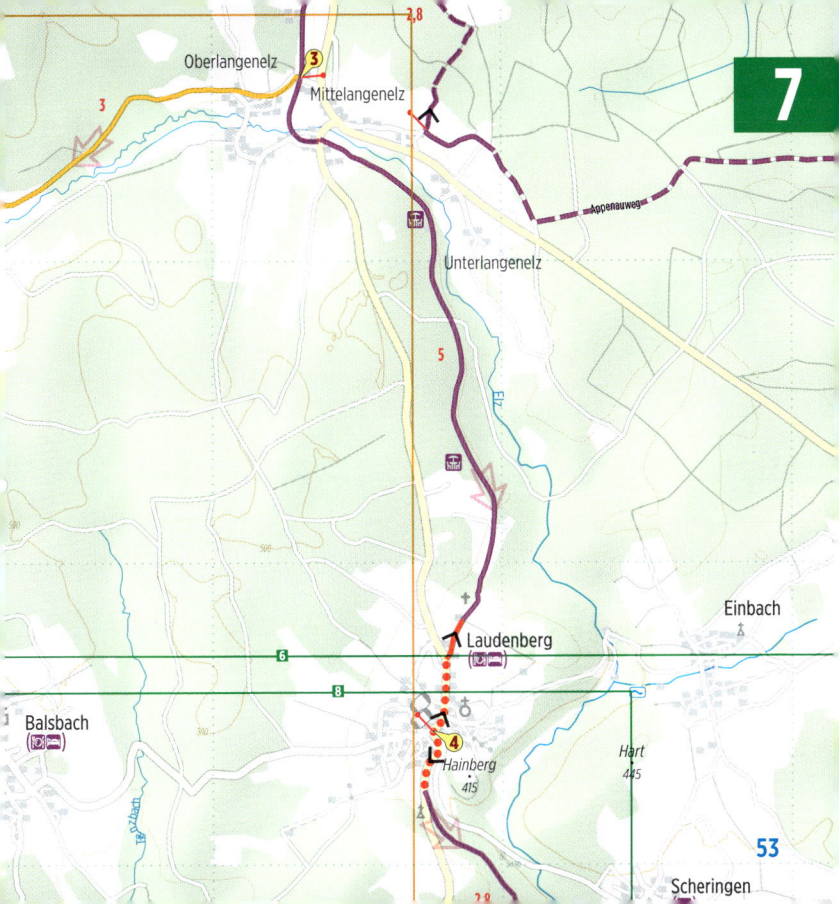

Oberlangenelz

3

Mittelangenelz

3

Appenauweg

Unterlangenelz

5

Elz

Laudenberg

Einbach

6

8

Balsbach

Hainberg
415

Hart
445

4

Scheringen

7

53

fernweg und ist als „Wanderbahn" aus-
geschildert.

4 Laudenberg (Limbach)

Ein glattes Asphaltband führt durch waldiges Gebiet nach Limbach.

5 Limbach

Vorwahl: 06287

🛈 **Gemeinde Limbach**, Muckentaler Str. 9, 📞 92000, @ qwv186

Die **Wanderbahn** führt Sie weiter über Krumbach, Trienz, Fahrenbach und Lohrbach bis nach Mosbach.

6 Krumbach (Limbach)

Trienz (Fahrenbach)

7 Fahrenbach

8 Lohrbach (Mosbach)

🛈 **St. Paulus**, Paulustr. Das moderne Gebäude (1969) mit den großen Glasflächen entstammt den Plänen des Architekten Helmut Ullmann.

🛡 **Burg Lohrbach**, Kurfürstenstr. Auf den Fundamenten einer Wasserburg aus dem 10. Jh. entstand im 16. Jh. eine Schlossanlage im Renaissancestil. Die Anlage

Mosbach

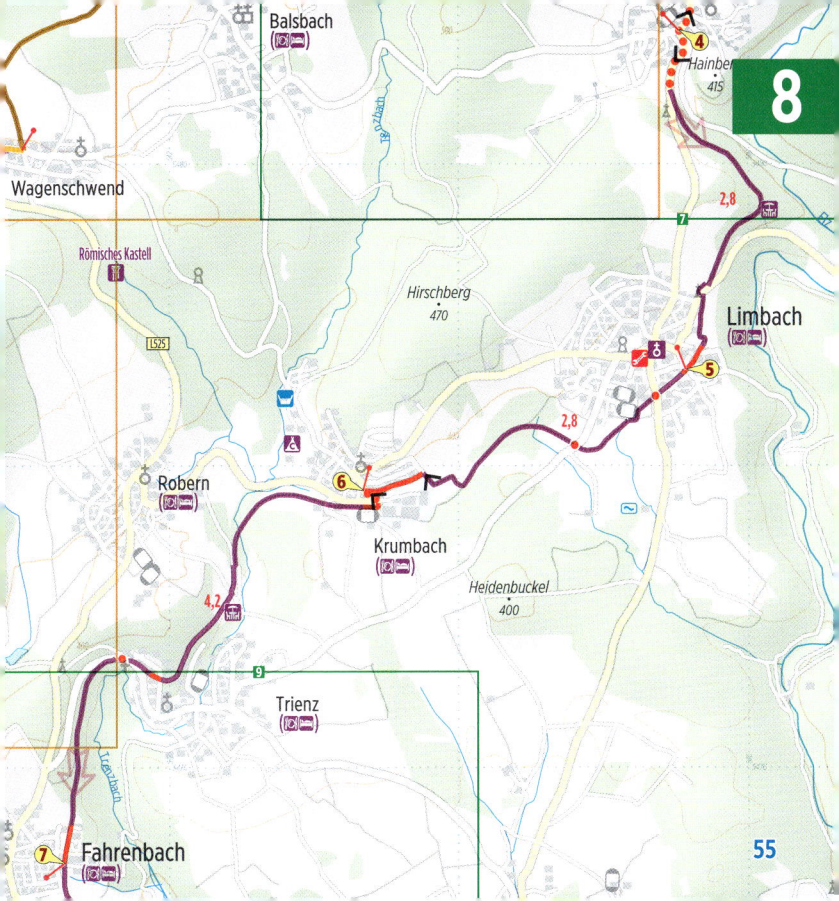

Balsbach

Wagenschwend

Römisches Kastell

L525

Hirschberg
470

Hainber
415

8

2,8

Limbach

5

Robern

6

2,8

Krumbach

Heidenbuckel
400

4,2

9

Trienz

7 Fahrenbach

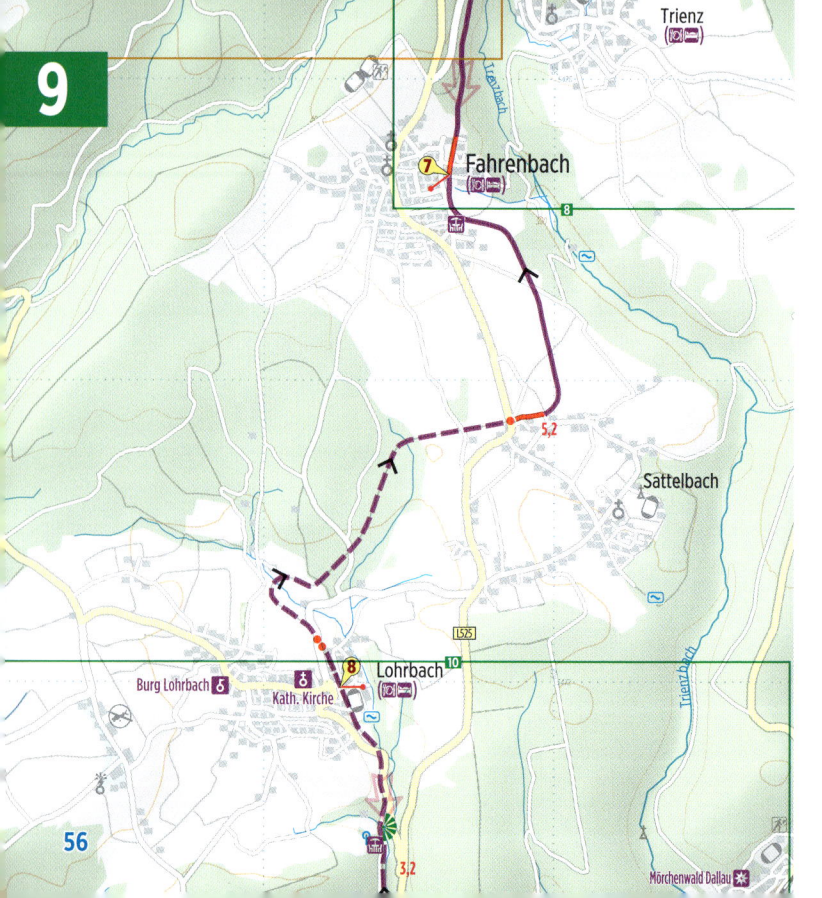

9

Trienz

Fahrenbach
7

8

5,2

Sattelbach

Burg Lohrbach

Kath. Kirche

Lohrbach
10

L525

Trienzbach

Irrenbach

3,2

Mörchenwald Dallau

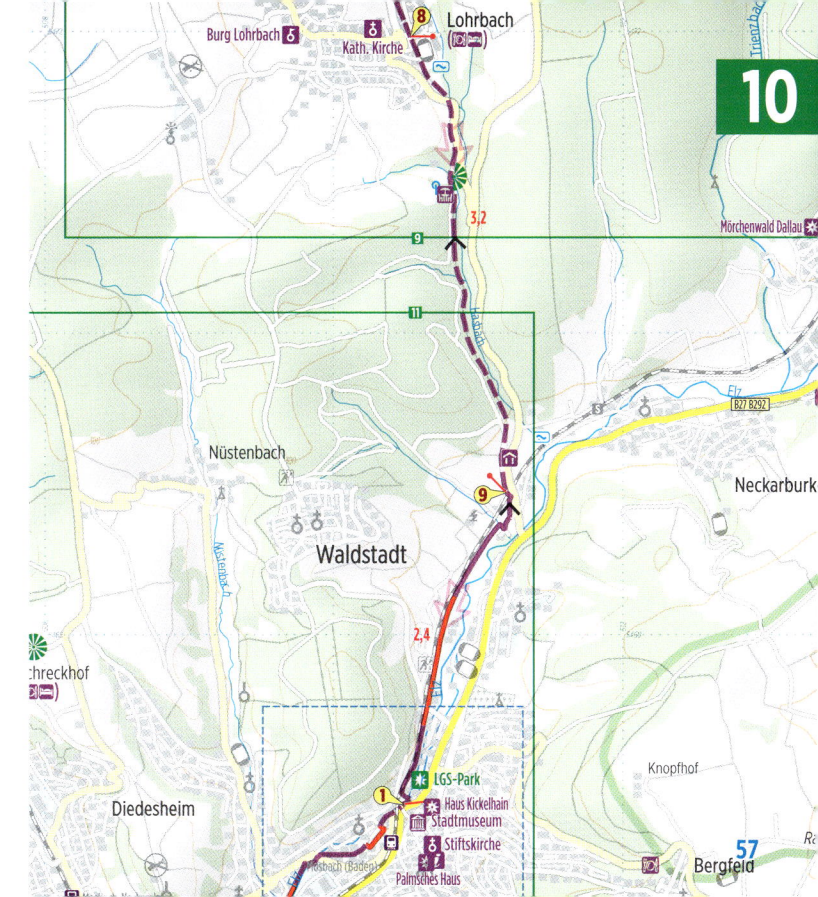

Burg Lohrbach
Kath. Kirche
8 Lohrbach

3,2

9

Mörchenwald Dallau

Neckarburk

Nüstenbach

Waldstadt

2,4

Schreckhof

Diedesheim

Knopfhof

LGS-Park
1 Haus Kickelhain
Stadtmuseum
Stiftskirche
Mosbach (Baden)
Palmsches Haus

Bergfeld

10

wurde nach dem Zweiten Weltkrieg mehrfach umgebaut, saniert und dient heute großteils als Wohnanlage.

9 Kurz vor Mosbach überqueren Sie die Bahngleise und folgen eben jenen in die Stadt.

Mosbach

Vorwahl: 06261

🛈 **Tourist-Information**, Marktpl. 4, ✆ 91880. mit Geopark-Infozentrum, @ emw818

🛈 **Touristikgemeinschaft Odenwald e. V.**, Neckarelzer Str. 7, ✆ 841390, @ fpy546

🏛 **Stadtmuseum**, Hospitalg. 4, ✆ 899240 ↻ Das Museum befindet sich im Alten Hospital. Der Fachwerkbau stammt aus dem 15. Jh. In einer Ausstellung erfahren Sie alles zum Thema Kultur-, Kunst- und Wirtschaftsgeschichte Mosbachs. @ xmi848

🔯 **Stiftskirche St. Juliana**, Kirchplatz. Der Bau der Kirche begann in der zweiten Hälfte des 14. Jhs. Die Kirche ist eine Simultankirche, der evangelische Teil wird als Stiftskirche bezeichnet, der katholische Teil als Kirche St. Juliana.

✳ **Haus Kickelhain**, Harnischg. 13. Das Haus gehört mit einer Wohnfläche von nur 52 m² auf 3 Etagen zu den kleinsten freistehenden Fachwerkhäusern in Deutschland.

✳ **Palmsches Haus**, Marktpl. Unter den zahlreichen farbenprächtigen Fachwerkbauten der Altstadt (16.-18. Jh.) hebt sich dieses reich verzierte Haus noch hervor.

🌼 **LGS-Park**. 1997 wurde der Park für die Landesgartenschau geschaffen. An derselben Stelle wurde erstmals 1913/14 ein Stadtpark angelegt. Damals gab es Pläne, Mosbach zum Luftkurort „Bad Mosbach" auszubauen, die aber letztlich nicht umgesetzt wurden.

🏊 **Hallenbad**, Jean-de-la-Fontaine-Str. 10, ✆ 89050

🏊 **Spaß- und Freizeitbad FaMos**, Hammerweg 3, ✆ 89050

Mosbach

LGS-Park

Haus Kickelhain

Stadtmuseum

Stiftskirche

Palmsches Haus

Mosbacher Schloss

Am Sonnenrain

Am Herschelberg

Elzstr.

Mosbach (Baden)

Eisenbahnstr.

Renzstraße

Am Hardberg

Waldstraße

Alte Neckarelzer Str.

Mosbach West

Anton Grün-oder-Str.

Am Gütterbahnhof

Nadlerstr.

Schefelstr.

Pfalzgraf-Otto-Str.

Friedrich-Ebert-Str.

Arnold-Janssen-Str.

Forststr.

Forststr.

Neckarelzer Str.

Schillerstraße

292

Jubelsh

Wagelweg

Kappellenweg

Dresdner Straße
Kleines Flürlein

Neue Garten

Im Mittel

Hauptstraße

Sulzbacher Str.

Alte Scheflenzer

Odenwaldstr.

Hauptstr.

Hauptstr.

Knopfweg

Lohrtalweg

Haus Bachmühle

An der Bachmühle

sestr.

Alte Bergsteige

Färbg.

Gartenweg

Entengg.

Hauptstr.

Hauptstr.

Hegen

Dürer Mühlweg

Tücher Mühlweg

Zum Himmelgärten

Pirminstr.

Wilhelm-Sch

Alte Bergstr.

Pappelweg

Ziegelsteige

In den Ziegelgärten

Michelsonweg

Birkenweg

Indenweg

Lönsweg

Bornweg

Lönsweg

Resenstr.

Von Mosbach nach Heidelberg 63 km

HM/km: ↗ 2,1 (132m) ↘ 2,7 (172m)   Radweg: 66 %   Unbefestigt: 18 %   Verkehr: 9 %

Die Elz geleitet Sie von Mosbach zum Neckar. Vorbei an Burgen und Ruinen folgen Sie nun dem Fluss. Bei Neckargerach können Sie einen Abstecher in die beeindruckende Margaretenschlucht unternehmen, wo sich der Flursbach als höchster Wasserfall des Odenwalds in den Neckar hinabstürzt. Vorbei an Zwingenberg geht es in die romantische Stauferstadt Eberbach. Bald erreichen Sie Hirschorn, die „Perle des Neckartales", an einer markanten Neckarschleife. Weiter am Neckar entlang durchstreifen Sie Neckargemünd und Ziegelhausen bevor Sie über die Alte Brücke in die Universitätsstadt Heidelberg fahren.

Die Etappe verläuft überwiegend auf Uferradwegen und ruhigen Straßen. Hinter Zwingenberg, vor und nach Hirschhorn sowie kurz vor Neckarsteinach sind die Radwege mitunter unbefestigt aber gut befahrbar. Auf der Neckarbrücke bei Neckargerach, bei Neckarhausen und zwischen Neckargemünd und Heidelberg treffen Sie auf verkehrsreiche Abschnitte.

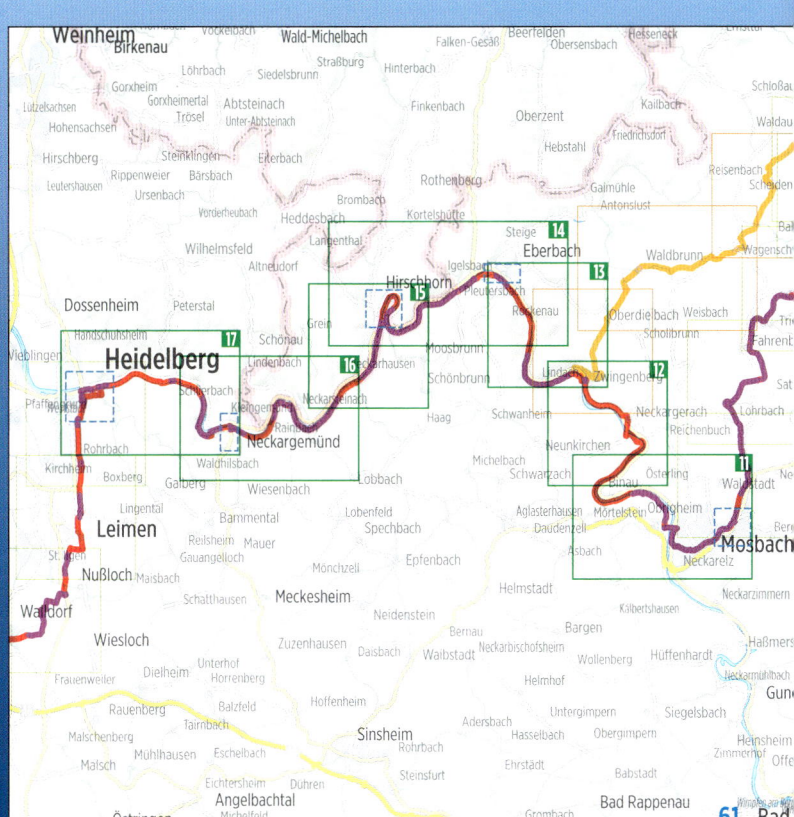

61 Bad

1 Mosbach

Durch Mosbach folgen Sie dem Radweg entlang der Elz durch Neckarelz zum Neckar.

Neckarelz (Mosbach)

Vorwahl: 06261

-  **Tourist-Information**, Marktpl. 4, Mosbach, ☎ 91880. mit Geopark-Infozentrum, @ emw818

- **KZ-Gedenkstätte**, Mosbacherstr. 39, Gelände der Clemens-Brentano-Schule, ☎ 670653 ☺ 1944 wurde, für zwölf Monate, die Volksschule des Dorfes zum Konzentrationslager umfunktioniert. @ odd473

- **Tempelhaus**, Johanniterg. Der Ritterorden der Templer – wie der Name vermuten lassen könnte – ist für Neckarelz nicht nachweisbar. Wohl aber die Johanniter, die um 1300 an eine schon vorhandene Burg unbekannten Alters den gotischen Chor anbauten und bis 1350 in dem Gebäude wohnten. Das Tempelhaus ist die einzige in ihrer ursprünglichen Form erhaltene Johanniterburg in Baden-Würt-

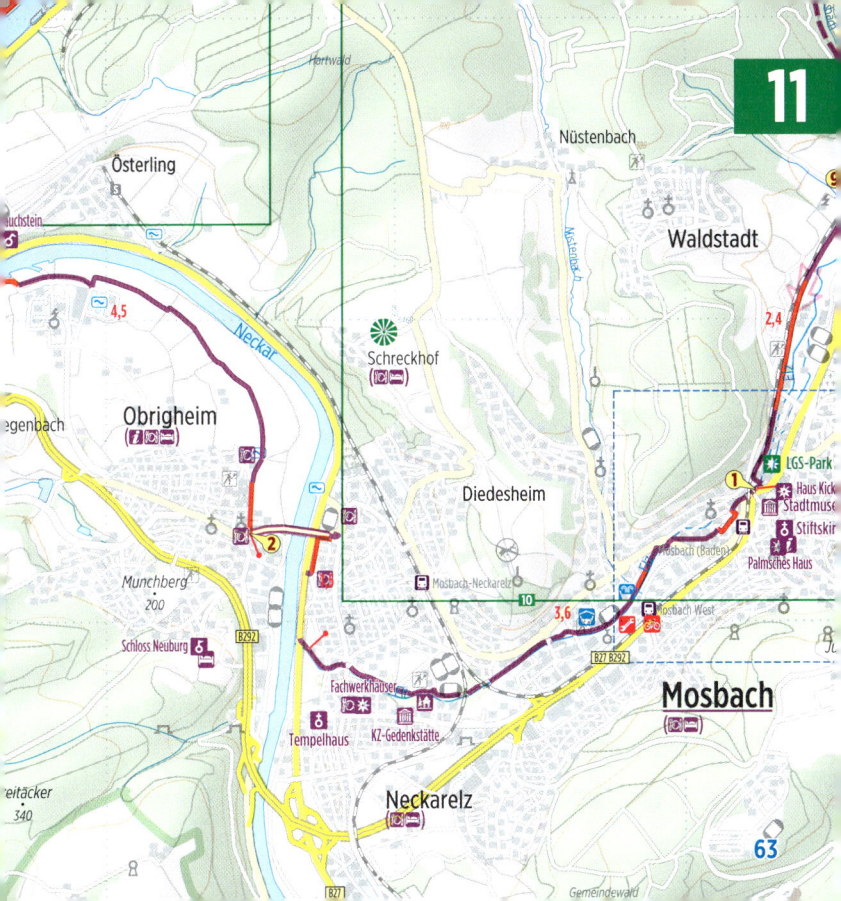

Hartwald

Österling

Nüstenbach

Waldstadt

Neckar

4,5

2,4

Schreckhof

LGS-Park

Obrigheim

Haus Kick

Stadtmuse

Diedesheim

Stiftskir

Palmsches Haus

Mosbach (Baden)

Munchberg
200

Mostrach-Neckarelz

10

3,6

Mosbach West

Schloss Neuburg

B292

B27 B292

Fachwerkhäuser

Mosbach

Tempelhaus

KZ-Gedenkstätte

Neckarelz

63

reitäcker
340

B27

Gemeindewald

temberg. Seit etwa 300 Jahren wird es als katholische Kirche genutzt. @ skc345

Fachwerkhäuser. Zu den alten Fachwerkhäusern zählt u. a. die Gaststätte „Alte Posthalterei“ aus dem Jahr 1551.

2 Obrigheim

Vorwahl: 06261

Bürgermeisteramt, Hauptstr. 7, ✆ 6460, @ xir412

Schloss Neuburg, Schloßstr., hoch über dem Neckartal. Ursprünglich eine Burg aus dem 14. Jh., Mitte des 19. Jhs. zu einem Schloss im Stil der Burgenromantik umgebaut. Seit 1959 beherbergt das Schloss ein Hotel und Restaurant.

Am Ortsbeginn biegen Sie nach rechts ab und halten sich nun auf Rad- und Feldwegen sowie auf ruhigen Straßen immer nahe dem Neckar bis nach Guttenbach.

3 Mörtelstein (Obrigheim)

Christuskirche. Im Innenraum der Kirche befinden sich sehenswerte Fresken.

Der Name Mörtelstein stammt von einem Kalksintervorkommen, dessen „wunderliche Gebilde“ beim Bau der künstlichen Ruinen im Schwetzinger Schlossgarten Verwendung fanden.

Guttenbach (Neckargerach)

Kirche. Der Turm der kleinen katholischen Kirche stammt aus dem 13. Jh.

Ruine Minneburg. Die Burg steht seit dem 17. Jh. verlassen als Ruine, ist aber noch von stattlicher Erscheinung. Die ältesten Teile sind Bergfried und Schildmauer gegen Nordwesten aus dem 13. Jh. Der berühmte kurpfälzische Pferdeführer des Bauernkrieges, Marschall Wilhelm von Habern, ließ es als Kanonenfeste der Renaissance ausbauen.

Am Dorfplatz kommt der Brunnen Durstigen gerade recht; wem nach mehr gelüstet, der sei an das Gasthaus verwiesen. Der Brunnen trägt übrigens einen stark verwitterten Bildstein, dem unter anderem ein weiblicher und ein männlicher Kopf eingehauen sind. Auffällig ist, dass die Nasen der beiden Gesichter nur ein Nasenloch haben, dies weist die Figuren als gebannte Wasserunholde aus. Nixen, Ilsen, Nunnen

Schloss Zwingenberg

oder Meerminnen waren gefürchtete Wasserwesen im Odenwald.

Die Minneburg-Brücke führt Sie von Guttenbach über den Neckar nach Neckargerach.

4 Neckargerach

Vorwahl: 06263

- 🅸 **Gemeinde Neckargerach**, Hauptstr. 25, ☎ 42010, @ bls847
- ✳ **Margaretenschlucht**. Ein 3 km langer Pfad führt durch die beeindruckende Schlucht, durch die sich der Flursbach von der Hochfläche hinab zum Neckar stürzt.

Am straßenbegleitenden Radweg folgen Sie der Bundesstraße nach Zwingenberg.

5 Zwingenberg

Vorwahl: 06263

- 🅸 **Bürgermeisteramt Zwingenberg**, Alte Dorfstr. 8, ☎ 45152, @ jgg632
- 🄶 **Schloss Zwingenberg**. Von der Burg der fehdelustigen Zwingenberger sind nur noch Bergfried (Wachturm) und Schildmauer erhalten, die restlichen Teile sind ein Werk aus dem 15. Jh. Der Einfluss der Romantik auf den alten Bestand ist noch

nicht geklärt, ihr wird jedenfalls die vortreffliche Erhaltung der Oberen Burg zugeschrieben. @ mnv615

🏰 **Schlossfestspiele Zwingenberg**, Schloßstr. 1, @ gyg483

✳ **Wolfschlucht**, begehbar von der Burg aus. Die wilde Schlucht mit ihren kaskadierenden Wassern soll Carl Maria von Weber zur Wolfsschluchtszene im „Freischütz" inspiriert haben. Es finden jährliche Schlossfestspiele im August statt.

Eingepfercht zwischen Fluss, Straße, Eisenbahndamm und dem Steilhang liegt das Dorf Zwingenberg. Auf roten Felspaketen sitzt darüber das Schloss, das selbst im burgenreichen Neckartal mit seiner spätmittelalterlichen Pracht überrascht. Die Edlen von Zwingenberg, deren Einkünfte aus der Landwirtschaft in der Odenwald-Region naturgemäß knapp ausfielen, nutzten die Zwinge von Fluss und Fels, um die Schiffer mit Zöllen zu schröpfen. Nach der Niederlage gegen Wirtemberg, die Pfalz und das Erzstift Mainz zu Beginn des 15. Jahrhunderts erhielten die Herren von Hirschhorn

Zwingenberg als Lehen. Sie gaben der Burg im Wesentlichen ihre heutige Gestalt. 1808 erwarb der Großherzog von Baden das Anwesen samt der umliegenden Wälder. Das Schloss ist heute noch im Familienbesitz der Markgrafen von Baden. Im Herbst, zur Jagdzeit, gibt sich der europäische Hochadel hier ein Stelldichein.

Bei Zwingenberg überqueren Sie wieder den Neckar und folgen dem Fluss auf teilweise unbefestigten Radwegen und ruhigen Straßen über Rockenau nach Neckarwimmersbach.

Rockenau (Eberbach)

🏰 **Ruine Stolzeneck.** Die Burg wurde um 1200 erbaut und verfiel nach dem Aussterben der Freiherren von Frauenberg ab 1610. Erst in den 1960er Jahren wurde die zwischenzeitlich vergessene Burg wiederentdeckt.

6 Neckarwimmersbach (Eberbach)

Vorwahl: 06271

📧📠 **Badezentrum in der Au**, In der Au, ☎ 7611

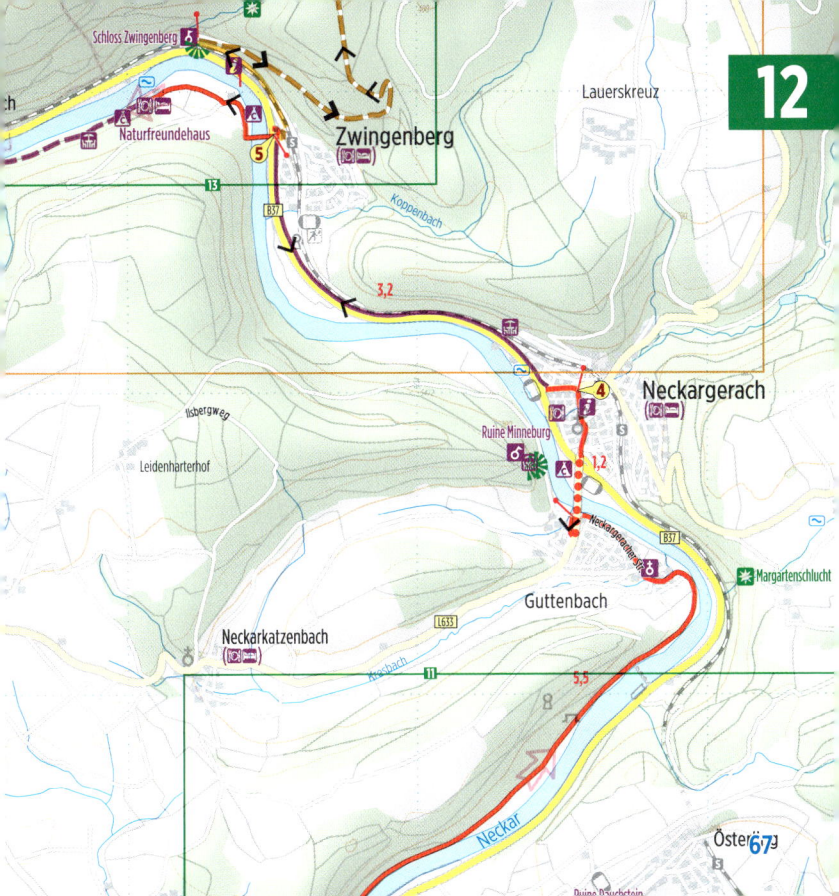

Schloss Zwingenberg

Naturfreundehaus

13

B37

5

Zwingenberg

Lauerskreuz

Koppenbach

3,2

Neckargerach

4

Ruine Minneburg

1,2

Ilsbergweg

Leidenharterhof

Neckargerscher Weg

B37

Margärtenschlucht

Guttenbach

L633

Neckarkatzenbach

Krebbach

11

5,5

Neckar

Österr

TIPP

Über die Brücke gelangen Sie in die sehenswerte alte Stauferstadt Eberbach.

Eberbach

Vorwahl: 06271

🛈 **Kultur-Tourismus-Stadtinformation**, Leopoldspl. 1, ☎ 87242, @ jxj375

⛵ **Eberbacher Personenschifffahrt**, Binnetzg. 1 ◷ ◷ Ausflugsfahrten nach Hirschhorn, Heidelberg und Rundfahrten. Fahrradmitnahme beschränkt möglich. Bitte unbedingt vorher anrufen. @ yni565

🏛 **Galerie Artgerecht**, Friedrich-Ebert-Str. 2, ☎ 3858 ♿ Die Galerie zeigt in wechselnden Ausstellungen Bilder verschiedener Künstler, Skulpturen, Kunstwerke aus Keramik, Holz und Schmuck. @ iko651

🏛 **Küfereimuseum**, Pfarrhof 4 ♿ Komplett eingerichtete Werkstatt eines Küfermeisters zur Erstellung von Fässern, Eberbacher Weinbrunnen. @ jsm641

🏛 **Stadtmuseum Eberbach**, Am Alten Markt 1, ☎ 87242, ◷ Di, Fr 15-17 Uhr, Sa, So 14-17 Uhr. Der Neckar als Lebens- und Ver-

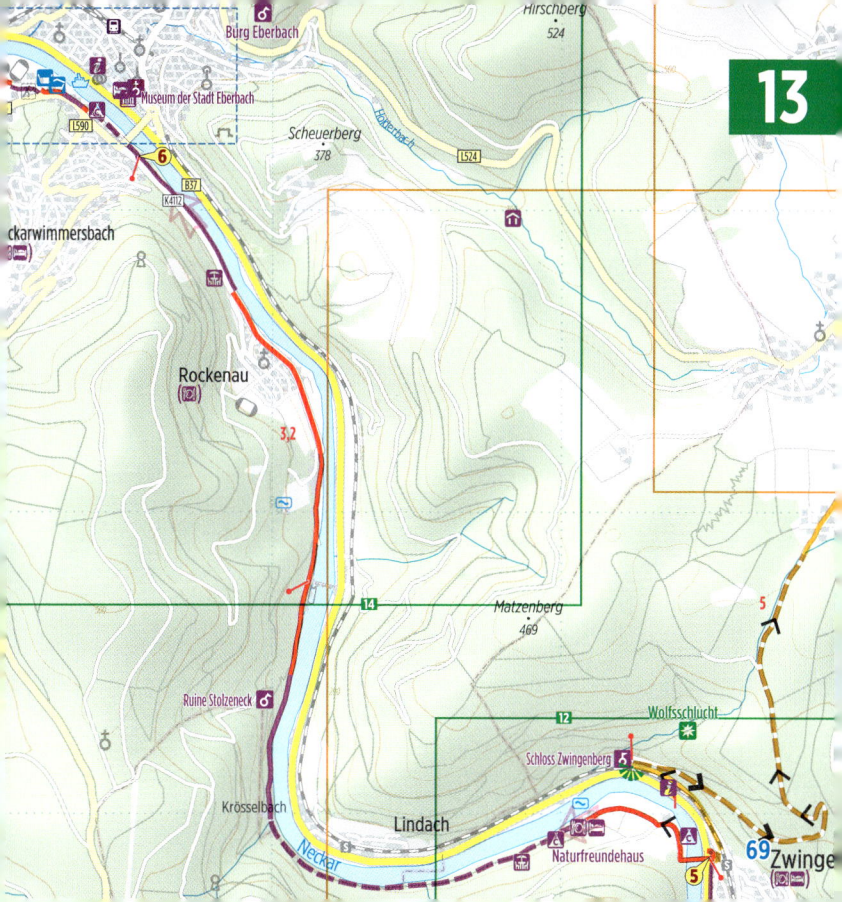

Burg Eberbach

Museum der Stadt Eberbach

Scheuerberg
378

Hirschberg
524

ckarwimmersbach

Rockenau

3,2

Matzenberg
469

Ruine Stolzeneck

Wolfsschlucht

Schloss Zwingenberg

5

Krösselbach

Lindach

Naturfreundehaus

Neckar

69 Zwinge

5

Eberbach

kehrsader - Neckarschifffahrt; Wald und Mensch - Wald und Natur; Geologie und Landschaft; Stadtgeschichte. @ ugp413

- **Evang. Michaelskirche**. Die Kirche (1835-1841) ist häufig verwendeter Ort für Ausstellungen und Konzerte.
- **St. Johannes Nepomuk**. Die Kirche wurde 1884-87 im italienischen Renaissancestil erbaut und ist mit ihren beiden markanten Türmen das Wahrzeichen der Stadt.
- **Burg Eberbach**. Die weiträumige Anlage der Burg war ursprünglich von einem starken Bering (Ringmauer) umgürtet, doch dieser wurde im frühen 15. Jh. geschleift. Von der Mittelburg ist noch der 8 m hohe Bergfried zu sehen, die romanischen Fenster des Palas erinnern an jene der Kaiserpfalz in Bad Wimpfen.
- **4 Stadttürme**. Die vier Türme – Rosenturm, Mantel- oder Pulverturm mit Uhrenstube, Haspelturm und Blauer Hut – sind die Eckpunkte der einstigen viereckigen Befestigungsanlage. @ yor872

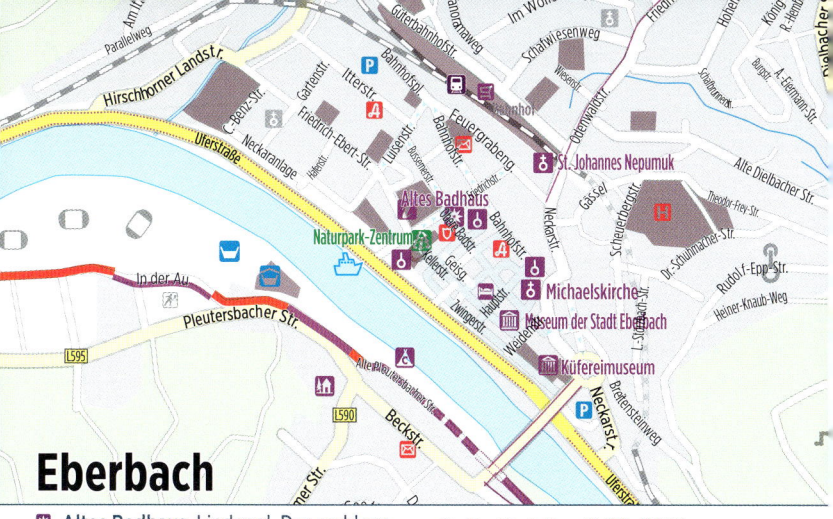

Eberbach

✳ **Altes Badhaus**, Lindenpl. Das wohl am besten erhaltene mittelalterliche Badehaus. Der Kernbereich des Gebäudes, ein dreischiffiges spätgotisches Kreuzgewölbe auf acht wuchtigen Sandsteinsäulen, geht auf das 15. Jh. zurück.

✳ **Der Hof**. Das stattlichste Fachwerkhaus der Stadt kann als Muster eines vornehmen Patrizierhauses aus dem Spätmittelalter (1470-1570) angesehen werden und diente zeitweilig dem jeweiligen Burgherrn als Stadtquartier.

✳ **Sgraffitomalereien**, Alter Markt 1. Eine eigene Kratztechnik auf mehrfarbigen Putzunterlagen, so z. B. am Wirtshaus Krabbenstein mit Eberbacher Berufen oder am Hotel Karpfen mit Bildern aus der Stadtgeschichte.

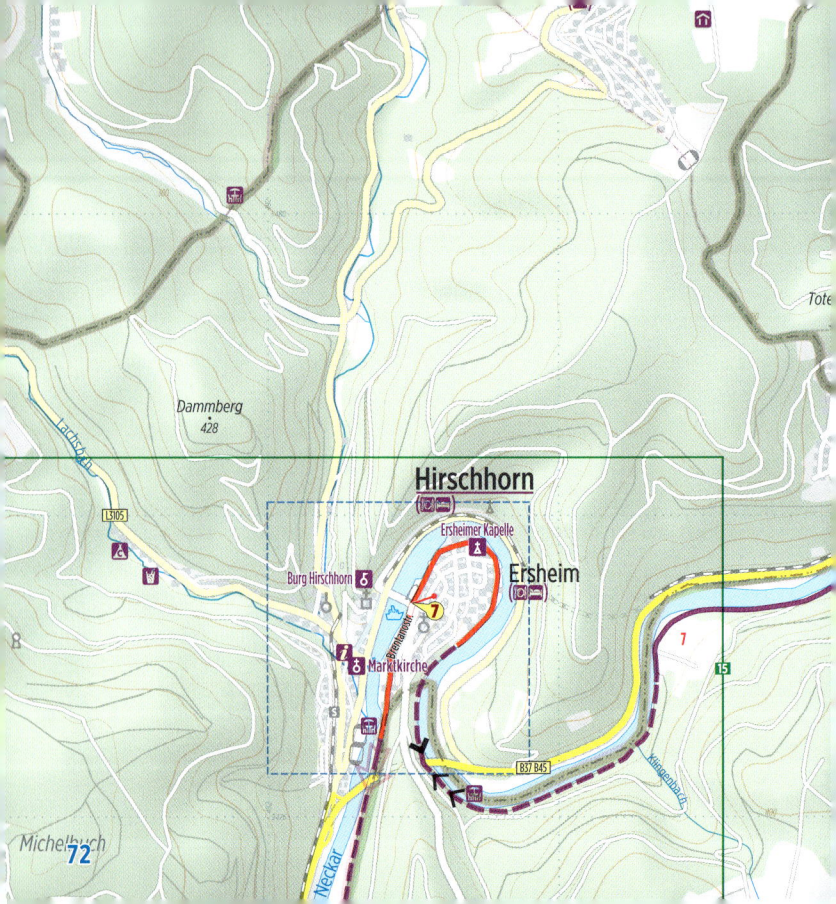

Hirschhorn

Ersheimer Kapelle

Ersheim

Burg Hirschhorn

Marktkirche

Dammberg
428

Lachsbach

L3105

B37 B45

Klingenbach

Tote

Michelbach

Neckar

Sarrenbach

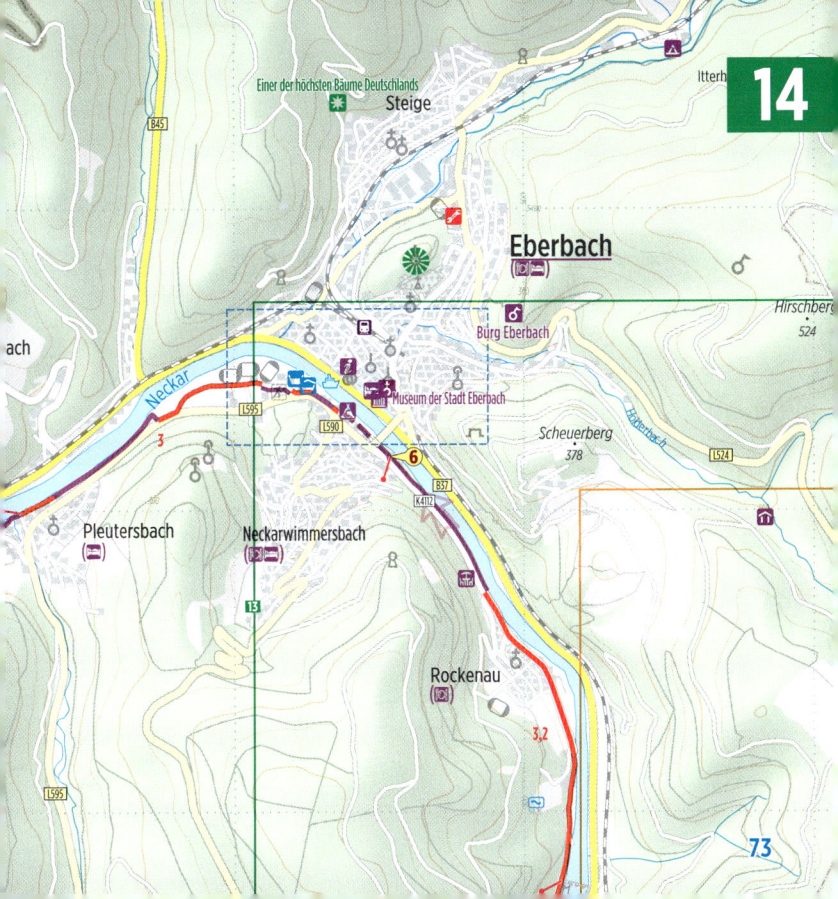

Einer der höchsten Bäume Deutschlands

Steige

Itterb

B45

Eberbach

Hirschberg
524

Burg Eberbach

Neckar

L595

Museum der Stadt Eberbach

Scheuerberg
378

L590

Haderbach

L524

6

B37

K4112

Pleutersbach

Neckarwimmersbach

3

13

Rockenau

3,2

L595

73

🎏 **Stadtführungen durch die Altstadt**. Infos bei der Tourist-Information. Stadtführungen n. V.

🏛 **Naturpark-Zentrum**, Kellereistr. 36, ℰ 72985, ℰ 942275 ⊕ Die Information des Naturparks Neckartal-Odenwald befindet sich im Thalheim'schen Haus, dem ältesten Steingebäude der Stadt. Auf 280 m² werden Dauer- und Wechselausstellungen gezeigt. Der Eintritt ist frei. @ pik245

Einen tiefen Blick in die Geschichte der Burgenstraße bietet die romantische alte Staufer- und Reichsstadt Eberbach, gelegen im Herzen des Naturparks Neckartal-Odenwald. Entlang der alten Stadtmauer und vorbei an zahlreichen erhaltenen Wehrtürmen und Fachwerkhäusern fühlt man sich ins Mittelalter zurückversetzt.

Am Pulverturm steht zugleich mit dem Thalheim'schen Haus das älteste Gebäude der Stadt, in dem heute das Naturpark-Zentrum untergebracht ist. Hier, unweit des Alten Badhauses, befindet sich auch das zwischen Rosenturm und Blauem Hut gelegene Stadttor, auch Bettendorf'sches Tor genannt.

6 Die Tour führt von Neckarwimmersbach weiter, großteils auf Radwegen, nach Hirschhorn. Kurz vor der Neckarschleife an der "Perle des Neckartals" fahren Sie ein Stück auf gut befahrbaren Forstwegen.

Pleutersbach (Eberbach)

Ersheim (Hirschhorn)

🏛 **Ersheimer Kapelle**. Das berühmte gotische Kirchlein geht auf einen Vorgängerbau von 773 zurück und ist damit die älteste Kirche im gesamten Neckartal. Mittelalterliche Grabplatten – u. a. der Herren von Hirschhorn – bedecken im Inneren ihre Wände. Der 4,4 m hohe gotische "Elendstein" auf dem ummauerten Friedhof ist eine Totenleuchte aus dem Jahr 1412.

Nach Absolvierung der Flussschlinge rückt am anderen Ufer Hirschhorn ins Blickfeld. Die vielfach verschachtelte Altstadt ist mit der Burg mit ihren fast senkrecht abfallenden Stadtmauern verbunden. Keine der Ortsansichten am Neckar, Heidelberg einmal ausgenommen, kann sich mit die-

Hirschhorn

Burg Hirschhorn

Ehem. Karmeliterkloster

Langbein-Museum

Alterthümer-Kabinett

Marktkirche

Ersheimer Kapelle

Langenthaler Str.

Schießbuckel

Hambrunner Str.

Schloßstr.

Grabenw.

Alleew.

Forstw.

Steige

Weidekinw.

Stiftsw. Michelberg

Alter W.

Neckarsteinacher Str.

Ritterw.

Am alten Stellwerk

Jahnstr.

Zur Schönen Aussicht

Schönbrunner Str.

Klingenstr.

Heinrich-Weiß-Str.

Höhenw.

Amselw.

Fasanenw.

Am Hungerberg

Höhenw.

Zur Au

Aalbert-Stifter-Str.

Ersheimer Str.

Ziegelhütter W.

Starkenburger Str.

Lorscher Str.

Darmstädter

Ersheimer Str.

Basiskarte © OpenStreetMap Contributors

sem großartigen Bild vergleichen! Die Burg beherrscht die Stadt, erdrückt sie aber (optisch) nicht. Dichter als anderswo giebelt fränkisches Fachwerk über der Kaimauer.

7 Hirschhorn

Vorwahl: 06272

🛈 Tourist-Information, Alleeweg 2, ✆ 1742, @ rtf374

🏛 Langbein-Museum, Alleeweg 2, ✆ 1742 ♿
Die Sammlung des Hirschhorner Gastwirts Carl Langbein (1811 - 1873) umfasst profane und sakrale Exponate aus Möbeln, Tierpräparaten und Mineralien. @ dsf881

🅱 Marktkirche, Marktpl. 1628-30 als protestantische Stadtkirche erbaut, während der Gegenreformation geschlossen, später als katholische Kirche neu eingerichtet. Das alte Stadttor (1391) blieb als Kirchturm erhalten. @ awi425

🅱 Ehem. Karmeliterkloster, Klosterg. 22-26, unterhalb der Burg. Aus der Gründungszeit von 1406 stammen noch Kirche und Teile des Konvents. Im Kapitelsaal des Konventbaus erhielten sich bedeutende Wandgemälde vom Beginn des 16. Jhs., vermutlich ein Werk Jörg Ratgebs.

🅶 Burg Hirschhorn, Schlossstr. Um 1300 entstand der gotische Palast der Herren von Hirschhorn, der frühere romanische Bergfried wurde durch den schlanken „Hexenturm" ersetzt, nach mehreren Erweiterungen 1583-86 Anbau des Renaissancepalas.

✵ Stadt- und Burgführungen. Stadtführungen finden von Juni-Sept., Sa 10 Uhr statt. Der Treffpunkt ist bei der Tourist-Information. @ xnc124

An einer Neckarschleife, 25 Kilometer flussaufwärts von Heidelberg, inmitten bewaldeter Höhen des Odenwaldes, liegt die „Perle des Neckartales". Die Herren von Hirschhorn errichteten hier um das Jahr 1200 eine Burg. Die daraufhin entstandene Siedlung bekam im 14. Jahrhundert, während der Regierungszeit des finanzgewandten Engelhard I., Stadtrecht verliehen und eine Stadtmauer wurde errichtet.

Nachdem der Dreißigjährige Krieg und die Pest die Stadt stark in Mitleidenschaft

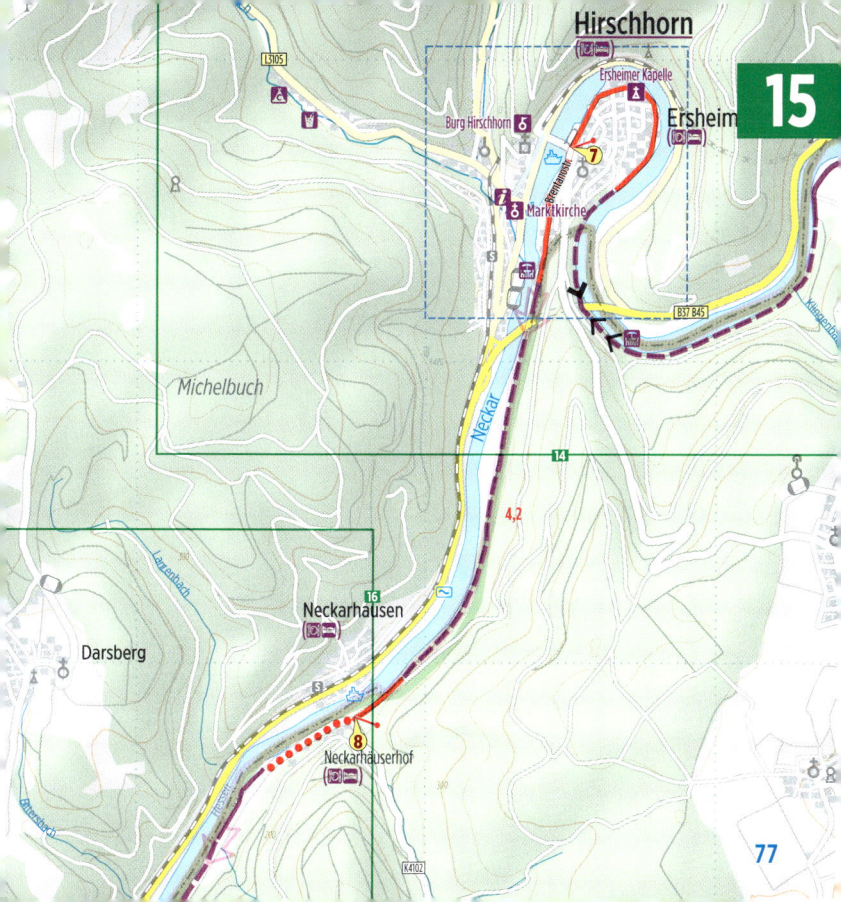

Hirschhorn

Ersheim

Ersheimer Kapelle

Burg Hirschhorn

⑦

Marktkirche

Michelbuch

Neckar

B37 B45

Klingenbach

14

4,2

16

Neckarhausen

Darsberg

⑧

Neckarhäuserhof

L3105

K4102

Lanzenbach

gezogen hatten, fiel Hirschhorn im Jahr 1636 an einen Kurkölner Hofbeamten, der die Bevölkerung vollends verarmen ließ.

Mit dem Beginn der Dampfschifffahrt im Jahre 1841 und der Inbetriebnahme der Neckartalbahn 1879 kam der erneute wirtschaftliche Aufschwung. Durch den erhöhten Zuzug von Vertriebenen und Flüchtlingen ab 1946 wurde sogar der einst verödete Stadtteil Ersheim wieder besiedelt. Heute leben etwa 3500 Menschen in dem anerkannten Erholungs- und Luftkurort.

Zum größten Teil auf kompakten Forstwegen und kurz auf einer verkehrsreichen Straße begleiten Sie den Neckar nach Dilsberg.

8 Neckarhäuserhof (Neckargemünd)

⚓ Freundeskreis Fähre Neckarhausen-Neckarhäuserhof e.V., Im Neckarhäuserhof, ✆ 0152/25248016, 🕓 Fährzeiten: Mo-Fr 6-12 Uhr und 12.45-19 Uhr, Sa 8-12 Uhr und 12.45 Uhr-19 Uhr, So/Fei 9-12 Uhr und 12.45-19 Uhr, @ ahj576

An dieser Stelle fanden die grausamen Hirschjagden des Kurfürsten Karl Theo-

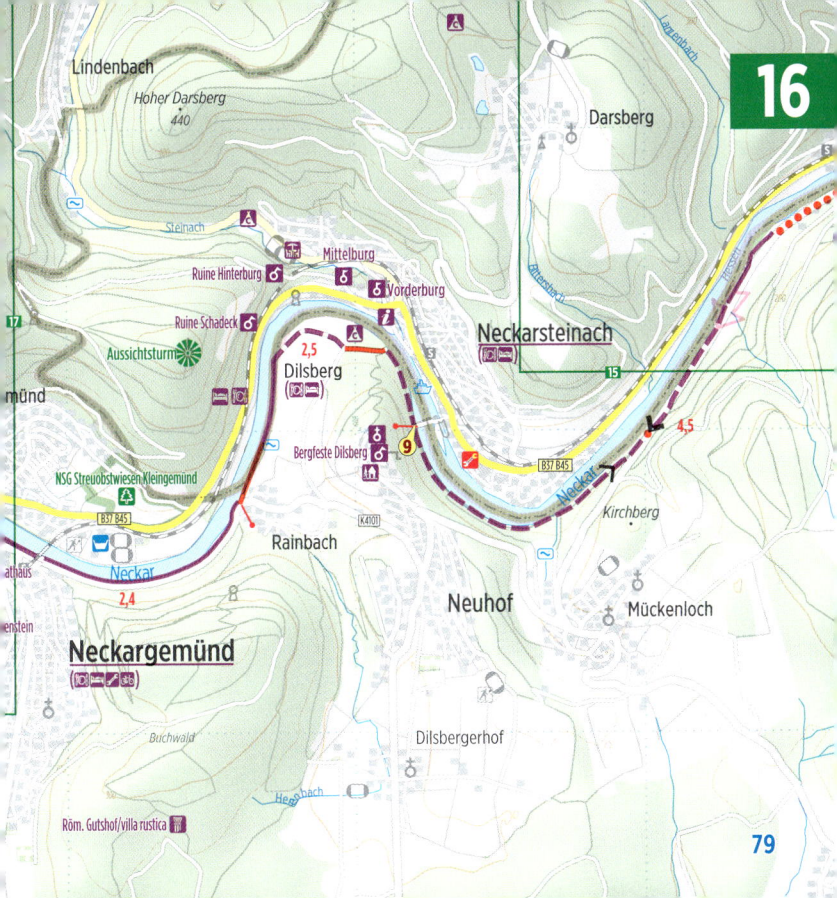

Lindenbach

Hoher Darsberg
440

Darsberg

16

Steinach

Mittelburg

Ruine Hinterburg

Vorderburg

Neckarsteinach

Ruine Schadeck

Aussichtsturm

2,5

Dilsberg

15

münd

4,5

Bergfeste Dilsberg

9

B37 B45

NSG Streuobstwiesen Kleingemünd

Kirchberg

B37 B45

Neckar

Rainbach

K4101

athaus

Neckar

2,4

Neuhof

Mückenloch

Neckargemünd

enstein

Buchwald

Dilsbergerhof

Hegbach

Röm. Gutshof/villa rustica

Die Mittelburg in Neckarsteinach

dor statt. Er ließ dabei die Hirsche durch eine eingezäunte Schneise am Abhang ins Wasser treiben, wo ihnen dann der gnädige Herr vom Boot aus den Todesstoß gab. Die Miniatur, die diese Szene darstellt, ist im Kurpfälzischen Museum in Heidelberg zu sehen.

9 An der Schleuse können Sie den Neckar nach Neckarsteinach überqueren.

TIPP

Neckarsteinach
Vorwahl: 06229

ℹ️ **Tourist-Information,** Neckarstr. 47, ✆ 708914, @ hoh737

⛵ **Weiße Flotte Heidelberg,** Am Neckarlauer, ✆ 20181, ⏲ Mo–Fr 11 Uhr und 14.30 Uhr, Sa, So 10 Uhr, 11 Uhr, 14 Uhr, 15 Uhr. Tägl. nach Neckargemünd und Heidelberg. Fahrradmitnahme abhängig von der Auslastung der Schiffe. @ veo367

🏰 **Vier-Burgen.** Die Vorderburg, am östlichen Ende der Kette und durch Schenkelmauern mit dem Städtchen verbunden, wurde im 12./13. Jh. errichtet. Die

Mittelburg stammt ursprünglich aus dem 12. Jh., wurde im 16. Jh. im Renaissancestil umgebaut und ist im 19. Jh. neugotisch geprägt worden. Die Ruine der Hinterburg datiert am frühesten von den vier und trägt noch einen Bergfried staufischer Zeit und frühgotische Palasreste. Die Reihe schließt im Westen mit der Ruine Schadeck, dem „Schwalbennest", mit starker Schildmauer, auf der zwei Rundtürme sitzen.

Neben der Fischerei und der Rotgerberei galt Mitte des vorigen Jahrhunderts die Schifffahrt als das einträglichste Handwerk im Vierburgenstädtchen Neckarsteinach. Dies war aber erst nach dem Fall der Feudallasten und mit der Freiheit der Binnenschifffahrt möglich geworden. Die Ritter von Steinach errichteten im 12. und 13. Jahrhundert alle vier flussabwärts liegenden Burgen. Von ihnen sind die Vorderburg, ursprünglich durch eine Wehrmauer mit der Stadtbefestigung verbunden, sowie die im Tudorstil erscheinende Mittelburg heute noch bewohnt. Der Bergfried der im Wald gelegenen Hinterburg, des Stammsitzes der Landschade, ist als Aussichtsturm zugänglich. Schadeck ist halb in den Felsen eingesprengt und klebt wie ein Vogelnest über den jäh abstürzenden Steinbrüchen.

9 Dilsberg (Neckargemünd)

Vorwahl: 06223

🔸 **Pfarrkirche St. Bartholomäus.** Die Kirche wurde 1733 anstelle einer gotischen Kapelle errichtet, der Turm 1864 hinzugefügt. Der sehenswerte Hochaltar aus Sandstein (Ende des 17. Jhs.) stammt aus der Heidelberger Jesuitenkirche.

🔸 **Burgruine Dilsberg,** ✆ 6154, 🕐 öffentliche Führungen: Mai-Okt., So/Fei 15 Uhr. Von der 16 m hohen Mantelmauer hat man eine herrliche Aussicht über Neckartal und Kraichgau. Eine besondere Sehenswürdigkeit ist der begehbare, ca. 80 m lange, unterirdische Brunnenstollen, der im 17. Jh. in Handarbeit in den Fels gehauen wurde und Anfang des 20. Jhs. von einem Deutschamerikaner frei gelegt wurde, angeregt durch Mark Twains Dilsberg-Schilderungen. @ por548

Neckargemünd

✳ **Führungen Burg und Brunnenstollen,** ☏ 3553. Infos und Anmeldung bei der Tourist-Information Neckargemünd. @ mdh771

Weithin sichtbar erhebt sich der Bergkegel, auf dem die über 800 Jahre alte Burg und das Wehrdorf Platz finden. Pfalzgraf Ruprecht I. gründete im 14. Jahrhundert das Städtchen Dilsberg. Die als Bürger verpflichteten Bauern aus den umliegenden Weilern erhielten „des Bergs Freiheit" und blieben von Leibeigenschaft und Steuern unbehelligt. Im 17. Jahrhundert zählte die Burg Dilsberg zu den heiß umkämpften Festungsanlagen während des Dreißigjährigen Krieges. Trotz dieser Kriegswirren blieb die mittelalterliche Burganlage unzerstört, ebenso wie im Pfälzischen Erbfolgekrieg Ende des 17. Jahrhunderts. Mit dem Ende der Kurpfalz wurde das Land Baden Eigentümer der Anlage. Das Ortsbild ist von zahlreichen Fachwerkhäusern und verwinkelten

Gassen mit Kopfsteinpflaster geprägt..

Auf Wirtschaftswegen durch die Felder und später auf einem straßenbegleitenden Radweg fahren Sie nach Neckargemünd.

10 Neckargemünd

Vorwahl: 06223

Tourist-Information, Neckarstr. 36, ☏ 3553, @ noe748

Weiße Flotte Heidelberg, ☏ 06221/20181. In der Saison tägl. Neckartalfahrten nach Heidelberg und Neckarsteinach, Fahrradmitnahme abhängig von der Auslastung der Schiffe. @ igv865

Museum im Alten Rathaus, Hauptstr. 25, ☏ 488240 ☺ Stadtgeschichtliche und volkskundliche Sammlung (Schusterwerkstatt) sowie Darstellung von Schifffahrt, Fischerei und Holzschiffbau. @ lho531

Ruine Reichenstein. Die Burg wurde im 13. Jh. am Nordende des Hollmuthrückens erbaut. Sie ging im 14. Jh. in den Besitz der Kurpfalz über. Bereits im 15. Jh. wurde die Burg wieder aufgegeben.

- ✳ **Historische Altstadt**. Eingebettet zwischen Neckar und Elsenz liegt die historische Altstadt mit ihren liebevoll restaurierten Fachwerkhäusern, verwinkelten Gassen und romantischen Plätzen.
- ▭ **Terrassen-Freibad**, Schwimmbadstr., Kleingemünd (Neckargemünd), ☏ 8057930

Neckargemünd wurde bereits im Jahr 988 erstmals urkundlich erwähnt. Der Ort erlangte im 13. Jahrhundert den Status einer freien Reichsstadt. Der Brunnen mit dem Ölkrug vor der Kirche erinnert an das traditionelle heimische Hafnerhandwerk (Töpferhandwerk) und an die Ölmühlen längs der Elsenz, die aus den Kornfeldern des Kraichgaus kommend hier dem Neckar zufließt.

Der Bau der Chausseen nach Mosbach und Heilbronn begünstigte ab 1765 Handel und Wandel. Nach einer Krise, ausgelöst durch die Odenwald- und Neckartalbahn, brachten die Heidelberger Studenten – neben Sommerfrischlern und betuchten Pensionären, die das Städtchen als Alters-sitz entdeckten – wieder Bewegung in die Stadt. Nicht nur in akademischen Kreisen erlangte die „Griechische Weinstube" Berühmtheit, in der angeblich 1875 das erste Fass griechischen Rotweins in Deutschland angezapft wurde.

Noch während der Eiszeiten zwang ein Felsriegel bei Neckargemünd den Neckar südwärts ab. Erst bei Mauer, fünf Kilometer entfernt, wandte er sich wieder nach Norden und floss im Unterlauf der Elsenz in sein heutiges Bett zurück. In dieser Schlinge häufte der Fluss Sand, Kies und Schotter in dicken Schichten auf. Immer wieder kommen hier Knochen und Skelette von Tieren zum Vorschein, die an den Fluss zum Trinken kamen: Nashorn, Waldelefant, Höhlenbär, Säbelzahntiger, Flusspferd, Wisent und Elch. Am 21. Oktober 1907 fanden zwei Arbeiter in einer Sandgrube bei Mauer einen kräftigen Unterkiefer. Dieser Fund des „Homo heidelbergensis", wurde geborgen aus einer etwa 500.000 Jahre alten Schicht und gilt bis heute als das älteste Zeugnis menschlichen Lebens in Europa.

Oberhalb der Neckartalbahn geht es auf gut befahrbaren Schotterwegen nach Schlierbach.

11 Schlierbach (Heidelberg)

Vorwahl: 06221

🛈 Tourist-Information am Neckarmünzplatz, Obere Neckarstr. 31, Heidelberg, 📞 584444, @ dbn883

> **TIPP** Auf der Ziegelhäuser Brücke können Sie einen Abstecher nach Ziegelhausen unternehmen.

Ziegelhausen (Heidelberg)

Vorwahl: 06221

🛈 Tourist-Information am Neckarmünzplatz, Obere Neckarstr. 31, Heidelberg, 📞 584444, @ dbn883

🏛 Textilmuseum, Brahmsstr. 8, 📞 800317 ⊖ Im Museum werden aus der Textilsammlung von Max Berk hauptsächlich Damenkostüme präsentiert. @ xbm538

🏰 Abtei Neuburg. Das Benediktinerkloster erlebte seine Blüte von 1200 bis 1572, dann wurde es „Lusthaus" der Kurfürstin. Später war es kurz im Besitz von Jesuiten, 1825-51 boten die Gebäude den Vertretern der Heidelberger Romantik (der „Rheinischen Restauration") Aufenthalt. 1926 zogen wieder Benediktiner ein. Die Klosterkirche enthält noch Teile der alten Umfassungsmauern (14. Jh.), in der sog. Abtskapelle finden sich sehenswerte Reste interessanter Glasfenster aus dem 15. Jh.

🛏 Köpfel Heidelberg, Stiftweg 32, 📞 5132880, @ urn426

Ziegelhausen entwickelte sich von Deutschlands vermutlich größtem Wäscherdorf zum Erholungsort und Villenquartier. Nach dem kurfürstlichen Hof ließen bald auch Heidelberger und Mannheimer Bürgerfrauen hier ihre Wäsche waschen, bleichen und bügeln. Bis zum Bauboom der 1950er Jahre bestimmten die aus luftigen Lattenwänden hochgezogenen „Schopfen", in denen bei Regenwetter die Wäsche trocknete, das Dorfbild.

Am Westausgang von Ziegelhausen errang die heutige Abtei Neuburg, bis zur Reformation ein Benediktinerkloster, ihre größte kulturelle Bedeutung als Herberge für Künstler der Spätromantik. Die „Stiftsgesellschaft" träumte von der Restitution des Reiches wie der Einheit der Konfessionen und förderte die Heidelberger Landschaftsmaler. Nach einer einengenden Phase des politischen Katholizismus zogen unter Alexander von Bernus, einem Poeten des Symbolismus, erneut „Dichter und ihre Gesellen" in Neuburg ein: Stefan George, Rainer Maria Rilke, Georg Simmel, Alfred Mombert, die Maler Wilhelm Trübner und Alfred Kubin. Verarmt durch die Inflation der Nachkriegsjahre sah sich Bernus 1926 gezwungen, die Künstlerstätte an die alten Herren, die Benediktiner aus Beuron, zu verkaufen.

Auf dem straßenbegleitenden Radweg zwischen **Schlierbacher Landstraße** und Neckar radeln Sie nach Heidelberg.

12 Heidelberg

Vorwahl: 06221

- *i* Tourist-Information am Hauptbahnhof, Willy-Brandt-Pl. 1, ☎ 5844444, @ eqo264
- *i* Tourist-Information am Neckarmünzplatz, Obere Neckarstr. 31, ☎ 584444, @ dbn883

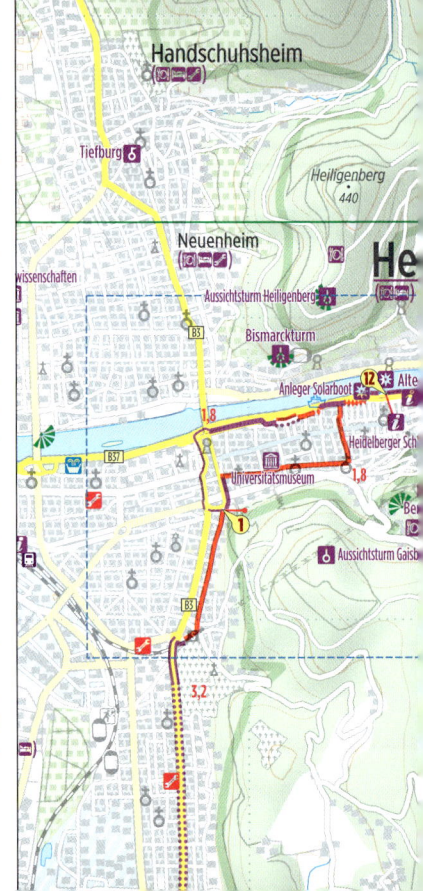

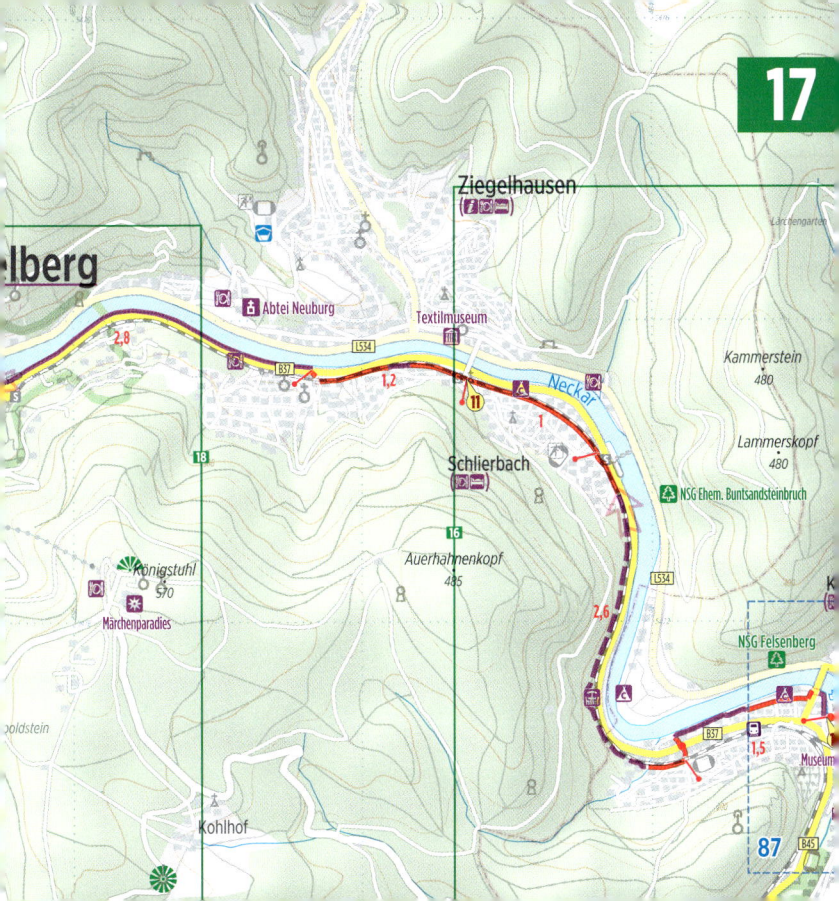

17

Ziegelhausen

lberg

Abtei Neuburg

Textilmuseum

2,8

L534

B37

1,2

11

Neckar

Schlierbach

1

Kammerstein
480

Lammerskopf
480

NSG Ehem. Buntsandsteinbruch

18

16

Auerhahnenkopf
485

Königstuhl
570

Märchenparadies

L534

2,6

NSG Felsenberg

K

oldstein

B37

1,5

Museum

Kohlhof

B45

ⓘ Tourist-Information im Rathaus, Markpl. 10, @ dvi642

⛴ Solarboot Neckarsonne, Karl-Theodor-Brücke, Anlegestelle Alte Brücke (Altstadt), ☏ 0173/9838637, ⏱ April-Nov., tägl. 11.30 Uhr, 13 Uhr, 15 Uhr, 16.30 Uhr. 50-minütige Rundfahrten, @ aao234

⛴ Weiße Flotte Heidelberg, Neckarstaden 25, Anlegestelle Stadthalle, ☏ 20181. Tägl. Neckartalfahrten, Linienschiffe über Ladenburg nach Mannheim und weiter nach Worms am Rhein. Fahrradmitnahme von der Auslastung der Schiffe abhängig. @ jdy724

🏛 Carl-Bosch-Museum und Museum am Ginkgo, Schloss-Wolfsbrunnenweg 46, ☏ 603616 ♿ Gewidmet dem Leben und Werk von Geheimrat Prof. Dr. Carl Bosch (1874-1940). @ now538

🏛 Deutsches Apothekenmuseum, Schloss Heidelberg, Im Ottheinrichsbau des Schlosses, ☏ 25880 ♿ Zu sehen sind Zeugnisse aus der Heilkunde mehrerer Jahrhunderte: eine Kräuterkammer, vollständig eingerichtete Offizinen, Haus-, Feld- und Reiseapotheken, wertvolle Sammlung alter Arzneimittel mineralischen, pflanzlichen, tierischen und menschlichen Ursprungs. @ ctm517

🏛 Deutsches Verpackungsmuseum, Hauptstr. 22, ☏ 21361 ♿ Europas einziges Museum dieser Art präsentiert in einer ehemaligen Kirche Spitzenstücke aus der Geschichte der Verpackungskultur. @ nmi735

🏛 Heidelberger Kunstverein, Hauptstr. 97, ☏ 184086 ♿ Wechselnde Ausstellungen internationaler zeitgenössischer Künstler. @ awh246

🏛 Körperwelten Museum, Poststr. 36/5, Altes Hallenbad, ☏ 1362920 ♿ 200 einzigartige anatomische Plastinate sowie interaktive Glücksstationen sensibilisieren die Besucher für die Komplexität ihres eigenen Körpers. @ dcv131

🏛 Kurpfälzisches Museum, Hauptstr. 97, ☏ 5834020 ♿ Untergebracht im Palais Morass (1712), verwahrt das Museum eine Kopie des ca. 600.000 Jahre alten Kieferknochens des „Homo heidelbergensis",

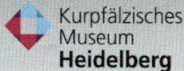

**Kurpfälzisches
Museum
Heidelberg**

**mitten im Herzen
der Heidelberger Altstadt**

Dienstag – Sonntag, 10.00 – 18.00 Uhr
Hauptstraße 97, 69117 Heidelberg

www.museum.heidelberg.de

Entdecken macht Freude

**Textilsammlung
Max Berk
Heidelberg**

direkt am Neckar-Radweg

Mittwoch, Samstag und Sonntag,
13.00 – 18.00 Uhr
Brahmsstraße 8, 69118 Heidelberg-Ziegelhausen

www.museum.heidelberg.de

der 1907 in Mauer bei Heidelberg gefunden wurde und zu den frühesten menschlichen Zeugnissen in Europa gehört. Außerdem sind Fundstücke zur Stadtgeschichte oder der Windsheimer Zwölfbotenaltar um 1509 zu sehen. @ tni128

🏛 **Museum für Geowissenschaften**, Im Neuenheimer Feld 234-236, ☎ 548291 ♿ Auch die Schau über 2 Mrd. Jahre der Erdgeschichte präsentiert u. a. eine Kopie des Unterkiefers des „Homo heidelbergensis", des ältesten europäischen Menschen, der vor etwa 600.000 Jahren im Rhein-Neckar-Raum lebte. Besonders sehenswert auch der „Tertiärgarten", die Rekonstruktion eines entstehenden Braunkohlemoores im Freigelände. @ hol346

🏛 **Museum Haus Cajeth**, Haspelg. 12, ☎ 24466 ♿ Ständige Ausstellung über primitive Malerei des 20. Jhs. @ bje864

🏛 **Reichspräsident-Friedrich-Ebert-Gedenkstätte**, Pfaffeng. 18, ☎ 91070 ♿ In der Wohnung, in der Friedrich Ebert seine Kindheit und Jugend verbracht hat, wird die Ausstellung „Vom Arbeiterführer zum Reichspräsidenten – Friedrich Ebert 1871-1925" gezeigt. @ odi114

🏛 **Sammlung Prinzhorn**, Voßstr. 2, ☎ 564492, ☎ 564739 ♿ Diese Sammlung zeigt Werke von Patienten psychiatrischer Anstalten aus der Zeit um die Jahrhundertwende des 20. Jhs. Dieser weltweit einzigartige Bestand wurde von dem Arzt und Kunsthistoriker Hans Prinzhorn zusammengetragen. @ rmr752

Altstadtpanorama Heidelberg

Heidelberg

- 🏛 **Stuhlmuseum**, Plöck 16, ☎ 149874 ✉ Das Stuhlmuseum entstand aus einer Reparatur-Werkstatt für Flechtstühle und zeigt Zusammenhänge zwischen Sitzen und Sitzmöbel. @ jpt268
- 🏛 **Universitätsmuseum**, Grabeng. 1, Alte Aula u. Studentenkarzer, ☎ 543593 ✉ Das nach dem Kurfürsten „Domus Wilhelmiana" genannte Gebäude wurde ab 1711 erbaut. Sehenswert sind die Alte Aula mit ihrer prächtigen Ausstattung, errichtet zum 500-jährigen Jubiläum der Universität, und im Rückgebäude an der Augustinerg. 2 der Karzer, das 1778 eingerichtete Studentengefängnis mit Wandmalereien der Einsitzenden. @ uav315
- 🏛 **Völkerkundemuseum**, Hauptstr. 235, ☎ 22067 ✉ Bemerkenswert sind die Sammlungen westafrikanischer Gelbgussobjekte und japanischer Farbholzschnitte sowie Manuskripte und Bücher aus ganz Asien. @ prl656
- ⛪ **Ehemalige Jesuitenkirche**, Merianstr. 2. Die heute katholische dreischiffige Kirche mit ihrem nüchternen Innenraum stammt aus dem 18. Jh. und steht im ehemaligen Jesuitenkomplex mit Jesuitenkolleg und -gymnasium.
- ⛪ **Heiliggeistkirche**, Marktpl. Erbaut in der ersten Hälfte des 15. Jhs., beherbergte die Kirche in ihren galerieartigen Obergeschossen (Emporen) bis 1623 die „Bibliotheca Palatina" der Universität. In der Begräbnisstätte der Kurfürsten blieb das Grabmal des Universitätsgründers Ruprecht I. erhalten.
- 🏰 **Heidelberger Schloss**, Schlosshof 1, ☎ 538431 ✆ Auf einem Vorsprung des Königstuhles gelegen, wurde die zwischen dem 13. und 17. Jh. ausgebaute Anlage zur Residenz der Kurfürsten. Nach den Verwüstungen im Pfälzischen Erbfolgekrieg (1689-97) wurde sie nur zum Teil wieder aufgebaut und ist heute als „gepflegte" Ruine weltweit berühmt. Zu den restaurierten Bauten zählen der Ottheinrichsbau mit Renaissance-Fassade oder der manieristische Friedrichsbau, dessen Figurenkette die fürstliche Ahnenreihe zeigt. @ kkn558
- ⛪ **Stephanskloster**, Auf dem Heiligenberg ✆ Das Kloster wurde im Jahr 1090 als Benediktinerkloster errichtet. Zu seinen Hochzei-

Am Kornmarkt in Heidelberg

ten bot es einen hervorragenden Aussichtspunkt über das gesamte Neckartal, da für den Bau ein großer Teil des Waldes gerodet worden war. Der Konvent wurde im 16. Jh. aufgelöst, heute sind von dem Bauwerk nur noch Ruinen zu sehen. @ gnq686

✳ **Alte Brücke**. Die 1786-88 errichtete steinerne Brücke gehört mit ihren feinen Bögen zu den zeitlos schönen Standardansichten der Stadt. Das klassizistische Brückentor an der Stadtseite öffnet sich zwischen zwei barockisierten Rundtürmen des alten Berings.

✳ **Bergbahn**, Neue Schloßstr. 44, Talstation am Kornmarkt, ☎ 5132150 ⓐ Deutschlands älteste und zugleich modernste Standseilbahn steigt hinauf zum Schloss und noch höher auf den Königstuhl, und das bereits seit 1907. @ fpj784

✳ **Café Knösel**, Haspelg. 20, ☎ 7272754. Gilt als ältestes Kaffeehaus in Heidelberg (seit 1863). @ mgo143

- ❇ **Historische Studentenlokale**. „Zum Roten Ochsen", Hauptstr. 217 (seit 1703). „Schnookeloch", Haspelg. 8 (erbaut 1407), „Zum Sepp'l", Hauptstr. 213 (seit 1634) @ imu487

- ❇ **Märchenparadies Königstuhl**, Königstuhl 5a, ☎ 23416. Animierte Märchengruppen, elektrische Pferdereitbahn, Kindereisenbahn. @ cjt553

- ❇ **S-Printing-Horse**, Mittermaierstr. Die größte Pferdeskulptur der Welt, bestehend aus Edelstahl und Aluminium, wurde vom Bildhauer Jürgen Goertz entworfen und befindet sich seit 2000 auf dem Vorplatz der Print Media Academy.

- ❇ **Thingstätte**, Auf dem Heiligenberg 1 ㉔ Die Thingstätte wurde in der Zeit des Nationalsozialismus nach dem Vorbild antiker, griechischer Theater erbaut. Sie wurde vorwiegend für Propagandaveranstaltungen genutzt und ist heute ein frei zugängliches Kulturdenkmal. @ dyh875

- ❇ **Zoo**, Tiergartenstr. 3, ☎ 64550 ㉖, @ xfp388

94

- ❋ **Philosophenweg,** Philosophenweg ㉕ Der ca. 2 km lange, gewundene Weg am Südhang des Heiligenbergs bietet seinen Besuchern nicht nur eine atemberaubende Aussicht über Heidelberg. Die Gestaltung und Botanik entführen in beinahe mediterrane Gefilde. Über den anschließenden Schlangenweg kommt man direkt zur Alten Brücke über den Neckar. @ oui248

- ❇ **Botanischer Garten**, Neuenheimer Feld 361, ☎ 545783 ㉖, @ aap212

- ▣ **Tiergartenbad**, Tiergartenstr. 13, ☎ 5134420, @ alk362

- ▣ **Thermalbad**, Vangerowstr. 4, ☎ 5132877, @ hfa181

Der Aufstieg von Heidelberg begann im 13. Jahrhundert, als die Pfalzgrafen die stark befestigte Stadt zu ihrer Residenz wählten. Kurfürst Ruprecht I. gründete 1386 die Universität, nach Prag und Wien die drittälteste im deutschsprachigen Raum. Er nahm dabei einen Teil der Studenten auf, die wegen des Schismas (Glaubensspaltung innerhalb der lateinischen Kirche) aus Paris geflohen waren. Während der Reformation war die Hochschule zunächst eine Hochburg des Calvinismus, 1563 entstand hier der Heidelberger Katechismus, ein heute noch gültiges Bekenntnisbuch aller Reformierten. Manche Größen des Humanismus wie Peter Luder, Rudolf Agricola oder Johannes Reuchlin, der erste Professor des Griechischen in Deutschland, lehrten hier.

Nach Verlegung der Residenz nach Mannheim erwarb das universitäre Heidelberg neuen Ruhm erst nach der Besitznahme durch Baden um 1800. Der Großherzog Carl Friedrich und seine Nachfolger wetteiferten darin, die berühmtesten Gelehrten an den Neckar zu berufen, so Görres, Bunsen, Kirchhoff oder Max Weber, Friedrich Gundolf und Karl Jaspers. Die Neue Universität wurde nach dem Ersten Weltkrieg mit Hilfe von Spenden errichtet, die ehemalige Studenten in den USA aufgebracht hatten, für die Heidelberg die deutsche Universität gewesen war.

Jene prächtige Schlossanlage, die auf dem Kupferstich von M. Merian aus dem Jahr 1645 noch entzückt, brannte im Pfälzischen Erbfolgekrieg 1693 nieder. Die Stadt entstand über dem mittelalterlich-gotischen Grundriss im Stil des Barock neu und zeigt eine planmäßige Anlage. Das Schloss hingegen blieb im Wesentlichen bis heute eine „gepflegte" Ruine und traditionelles Kultobjekt für Romantiker. Nachdem Victor Hugo das rätselhaft romantische Deutschland für seine Landsleute entdeckte und Sir Walther Scott und Mark Twain für die angelsächsische Welt, begann auch die Vermarktung des Mythos Heidelberg. Den imposantesten Beitrag dazu hätte beinahe Kaiser Wilhelm II. mit dem von ihm favorisierten Wiederaufbau des Schlosses im Stil der elsässischen Hochkönigsburg geliefert. Das Projekt scheiterte jedoch am einmütigen Protest der Universität wie der Bürgerschaft. Heute gehört Heidelberg immer noch zu den Städten mit dem größten ausländischen Besucheranteil in Deutschland, die ihre Bedeutung auch in Lehre und Forschung mit mehreren renommierten Instituten wahrt.

Von Heidelberg nach Speyer   35,3 km

HM/km: ↗ 0,7 (25m) ↘ 1,0 (34m)   Radweg: 65 %   Unbefestigt: 0 %   Verkehr: 6 %

Auf Ihrer letzten Etappe durchfahren Sie die beeindruckende Altstadt Heidelbergs nach Süden. Sie radeln durch Leimen, Nußloch und die Nußlocher Wiesen in die Rheinebene. Durch offene Felder und Wiesen kommen Sie nach Neulußheim und Altlußheim, wo Sie schließlich auf den Rhein treffen. Vorbei an Rheinwäldern geht es bald über die Salierbrücke in die Dom- und Kaiserstadt Speyer, wo der Odenwald-Madonnen-Radweg endet.

Auch auf dieser Etappe sind Sie vorwiegend auf Rad- und Feldwegen und ruhigen Straßen unterwegs. Verkehrsreiche Abschnitte gibt es im Stadtgebiet von Heidelberg und in Leimen.

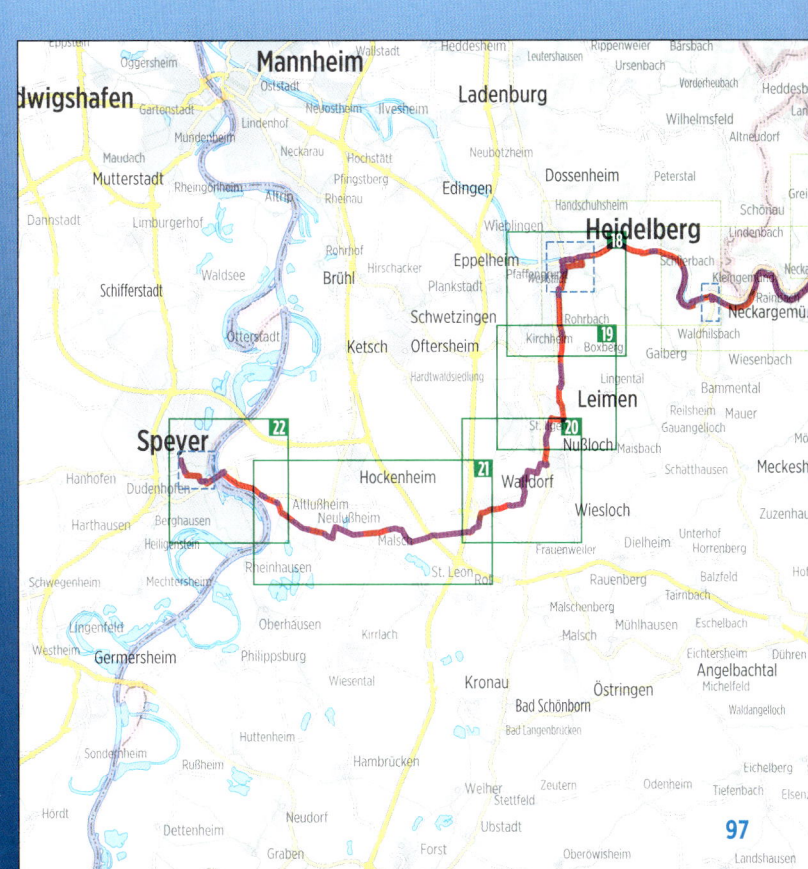

1 Heidelberg

Sie verlassen Heidelberg durch die Südstadt nach Rohrbach.

2 Rohrbach (Heidelberg)

Vorwahl: 06221

🏛 **Heimatmuseum Rohrbach**, Rathausstr. 76, ✆ 315901 ☻☺, @ cby624

🛟 **Schwimmhalle Hasenleiser**, Baden-Badener-Str.14, ✆ 513-2871, @ pka645

Über ruhige Straßen und Radwege erreichen Sie Leimen.

3 Leimen

🏰 **Franzosenturm**, Turmg. 1a. Das Wahrzeichen von Leimen ist ein Rest der mittelalterlichen Stadtbefestigung (14. Jh.), die im 19. Jh. geschleift wurde.

✳ **Rathaus Leimen (im Palais Seligmann)**. Das Rathaus wurde um 1800 gebaut und besitzt einen wunderschönen Spiegelsaal, welcher für Ehrungen, Empfänge und Hochzeiten genutzt wird.

✳ **Wochenmarkt**. Der Markt findet jeden Do von 8-12 Uhr statt. @ fmk772

Materialseilbahn Leimen - Nußloch

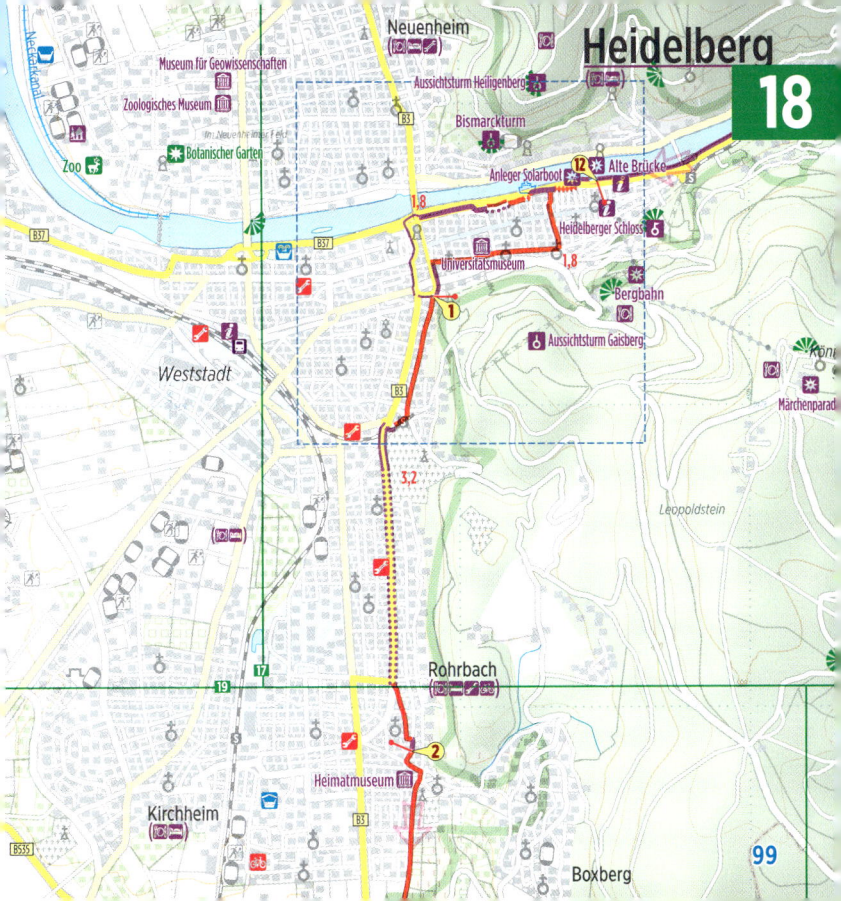

Heidelberg

18

Neuenheim

Aussichtsturm Heiligenberg

Museum für Geowissenschaften

Zoologisches Museum

Botanischer Garten

Im Neuenheimer Feld

Bismarckturm

Zoo

Anleger Solarboot

Alte Brücke

1,8

Universitätsmuseum

Heidelberger Schloss

1,8

1

Bergbahn

Aussichtsturm Gaisberg

Weststadt

Königstuhl

Märchenparadies

Leopoldstein

3,2

Rohrbach

2

Heimatmuseum

Kirchheim

Boxberg

99

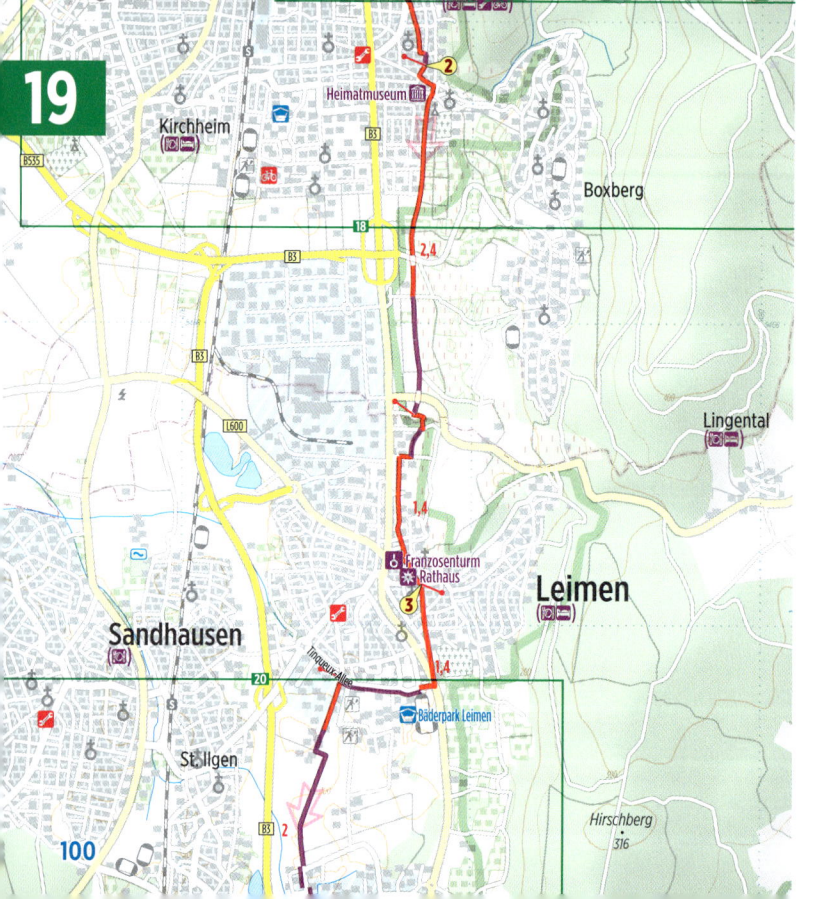

19

Kirchheim

Heimatmuseum

Boxberg

2

18

B3

2,4

Lingental

1,4

Franzosenturm
Rathaus

Leimen

3

Sandhausen

1,4

Tinqueux-Allee

20

Bäderpark Leimen

St. Ilgen

Hirschberg
316

B3 2

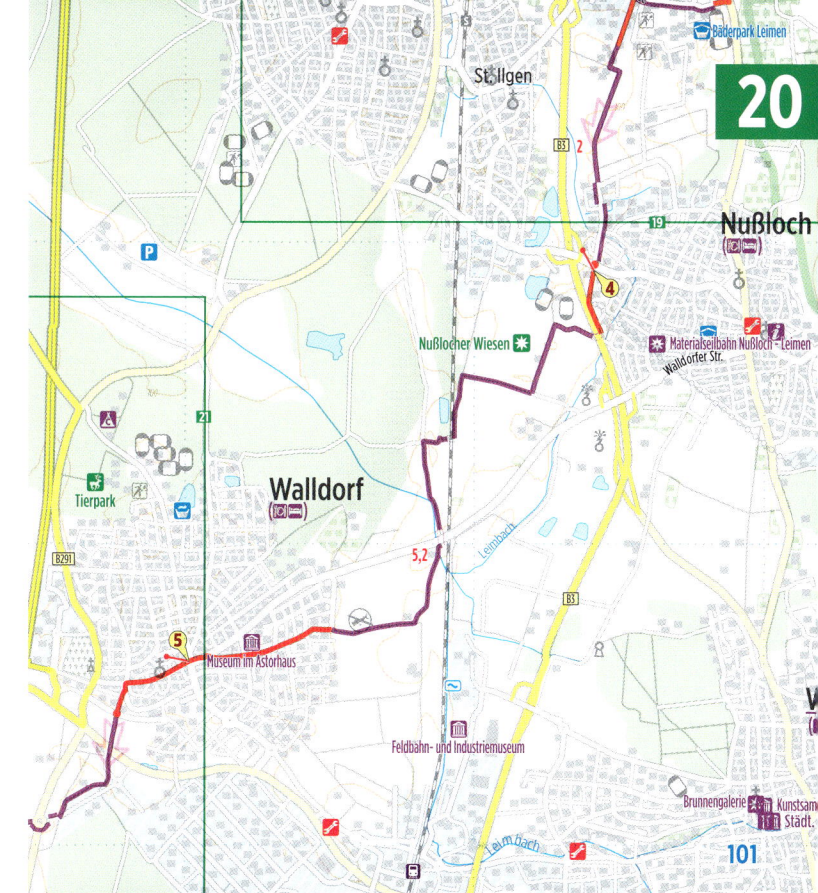

20

Bäderpark Leimen

Stollgen

B3 2

19 Nußloch

4

Nußlocher Wiesen ✳

Materialseilbahn Nußloch – Leimen
Walldorfer Str.

Walldorf

Tierpark

B291

5,2

Leimbach

B3

5

Museum im Astorhaus

Feldbahn- und Industriemuseum

Brunnengalerie Kunstsam.
Städt.

Leimbach

Radweg bei Leimen

Mit Blick auf die Materialseilbahn des Zementwerks Leimen radeln Sie nach Nußloch.

4 Nußloch

- ❇ **Materialseilbahn Nußloch - Leimen**. Die etwa 5 km lange Lorenseilbahn führt vom Kalksteinbruch Nußloch bis zum Zementwerk in Leimen.
- ❇ **Nußlocher Wiesen**. Das 69 ha große Naturschutzgebiet ist eine Niederung aus verschiedenen Trocken-, Feucht- und Obstbaumwiesen.

Durch die Nußlocher Wiesen und über einen Sportflugplatz geht es auf Radwegen nach Walldorf.

5 Walldorf

Vorwahl: 06227

- 🏛 **Museum im Astorhaus**, Johann-Jakob-Astor-Str. 37, ✆ 4788 ☺ Neben einer historischen Bauernstube werden auch verschiedene Handwerksberufe vorgestellt. @ npm865
- 🐾 **Tierpark**, Schwetzinger Str. 99, ✆ 3846551 ☜ Der kleine Tierpark liegt

ruhig im Wald und beheimatet etwa 130 Tiere. @ wcf721

🏊 **AQWA Bäderpark**, Schwetzinger Str. 88-90, ☎ 8288-260, @ jyd572

Hinter Walldorf fahren Sie auf Radwegen durch offene Felder und gelangen auf ruhigen Ortsstraßen und straßenbegleitenden Radwegen über die Orte Reilingen, Neulußheim und Altlußheim an den Rhein.

6 Reilingen

✽ **Naturlehrpfad Reilinger See**, Speyerer Str. Der Naturlehrpfad um den Reilinger See wurde nach der Kiesförderung 1989 errichtet und informiert über die hier beheimateten Tiere und Pflanzen. 1978 wurden beim Kiesabbau etwa 250.000 Jahre alte Schädelfragmente des „Reilinger Menschen" gefunden.

Neulußheim

7 Altlußheim

Vorwahl: 06205

🏛 **Autovision**, Hauptstraße 154, ☎ 307661 ⊜ Das Privatmuseum präsentiert anhand zahlreicher Exponate die Geschichte der Mobilität. Neben Automobilen, Fahr- und

Der Blausee bei Altlußheim

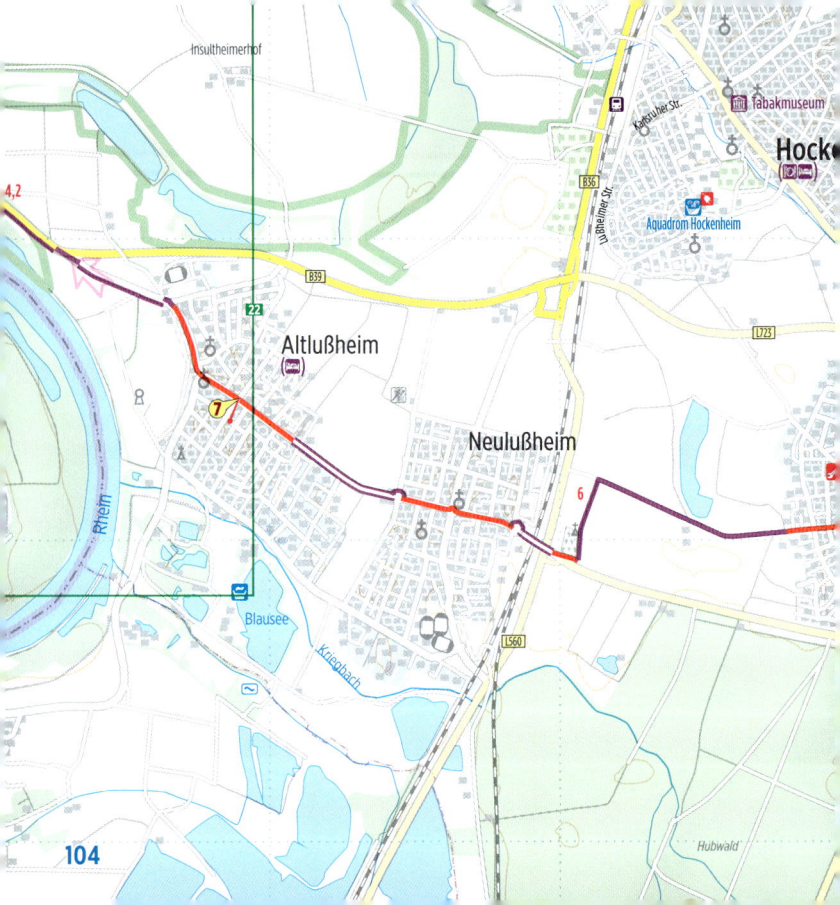

Insultheimerhof

4,2

B39

22

Altlußheim

7

Neulußheim

6

Rhein

Blausee

Kriegbach

L560

Hock

Karlsruher Str.

B36

Luißheimer Str.

Tabakmuseum

Aquadrom Hockenheim

L723

Hubwald

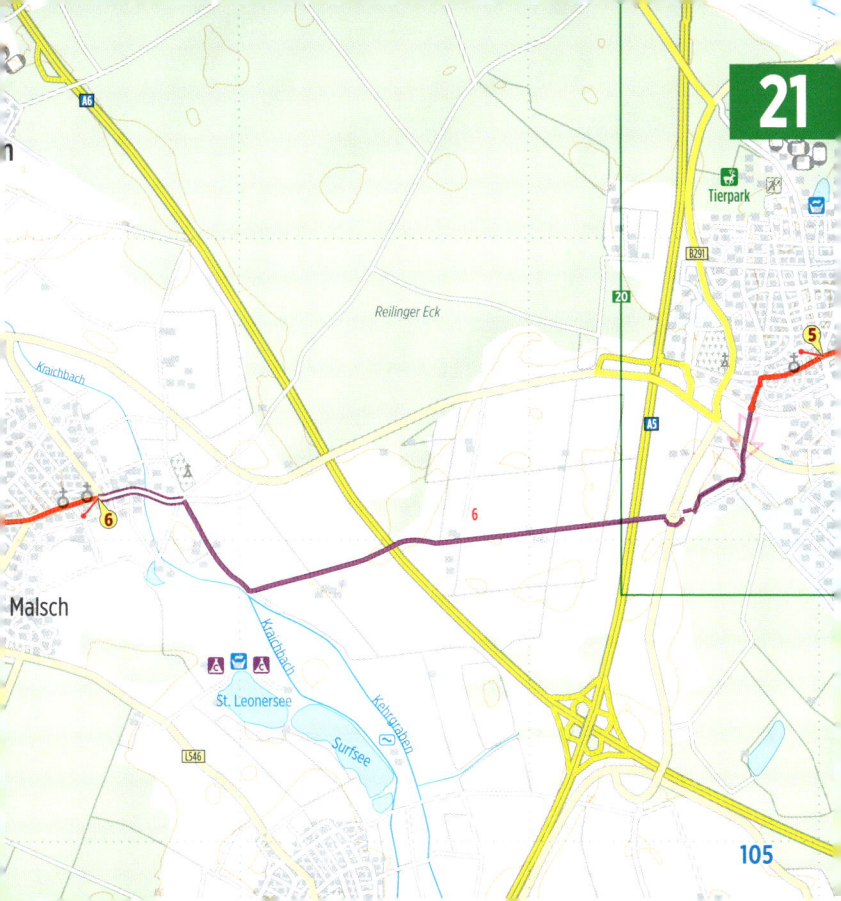

Tierpark

B291

Reilinger Eck

20

5

Kraichbach

A5

6

6

Malsch

Kraichbach

St. Leonersee

Surfsee

Kehrgraben

L546

A6

Pilgerfigur und Dom in Speyer

Motorrädern, bietet die umfangreiche Sammlung auch haptische Modelle aus Physik und Technik zum Ausprobieren. @ pli574

📧 **Blausee**, Friedensstr., ✆ 32888, @ jer527

Auf straßenbegleitenden Radwegen fahren Sie entlang des Rheinwalds bis zur **Salierbrücke**. Diese führt Sie über den Rhein zum Ziel Ihrer Tour in die Domstadt Speyer.

8 Speyer

Vorwahl: 06232

🄸 **Tourist-Information**, Maximilianstr. 13, ✆ 142392, @ kds767

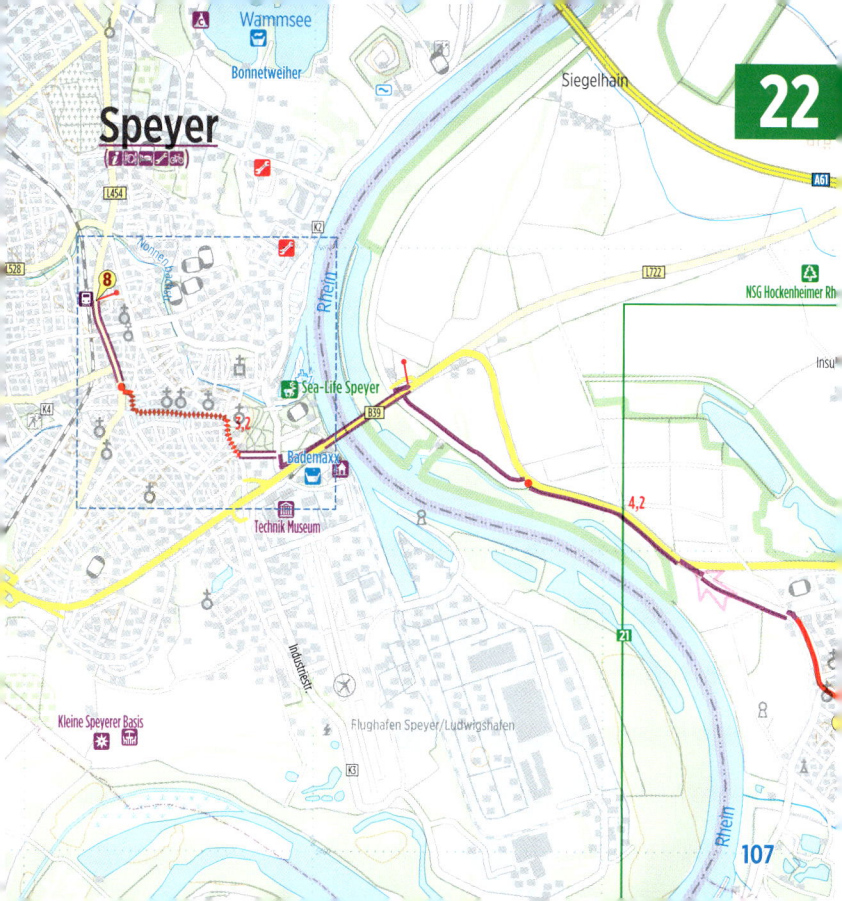

Wammsee

Bonnetweiher

Speyer

Siegelhain

Rhein

NSG Hockenheimer Rh

Sea-Life Speyer

Bademaxx

Technik Museum

Flughafen Speyer/Ludwigshafen

Kleine Speyer Basis

4,2

- ⛴ **Personenschifffahrt Streib**, Schiffsanlegestelle Rheinufer beim Flaggenmast, ✆ 71366, ✆ 0171/1234889. Ausflugsfahrten auf Rhein und Altrhein. @ urp611

- 🏛 **Historisches Museum der Pfalz**, Dompl. 4, ✆ 13250 ⊜ Einen wertvollen Teil der Sammlung bildet die Domschatzkammer mit den Funden aus den salischen Kaisergräbern, die 1900 im Dom geborgen wurden. Außerdem ist hier auch ein Weinmuseum untergebracht. @ aca722

- 🏛 **Museum Wilhelmsbau**, Am Technik-Museum 1 ⊛ Im Museum Wilhelmsbau, das sich nur wenige Schritte vom Technik Museum Speyer entfernt befindet, sind technische Kuriositäten wie vollautomatische Großorchestrien oder Flötenuhren zu sehen. @ vgd412

- 🏛 **Technik Museum Speyer**, Am Technik-Museum 1, ✆ 67080 ⊛ In der denkmalgeschützten „Liller Halle" und im großen Freigelände werden Exponate aus den Bereichen Luftfahrt, Eisenbahn, Feuerwehr und Schiffsbau präsentiert. Mit IMAX DOME Kino. @ iaw268

- 🕋 **Kaiserdom**, ✆ 102118 ⊛ Der imposante Bau gehört heute zu den bedeutendsten und größten romanischen Bauwerken Europas, UNESCO-Welterbe seit 1981. @ wkx437

- 🕋 **Dreifaltigkeitskirche**, Große Himmelsg. 4, ✆ 629958. Nach den Verwüstungen des Pfälzischen Erbfolgekrieges errichtete die lutherische Bürgerschaft 1701-1717 das Gotteshaus, dessen Fassade eine späte, idealisierte Renaissance mit der Formenlehre des Barock vereint. @ ale467

- 🕋 **Gedächtniskirche**, Bartholomäus-Weltz-Pl., ✆ 2890077 ⊜ Die Kirche wurde in den Jahren 1893-1904 zur Erinnerung an die Protestaktion von 1529 errichtet. Sie gilt als einzige unversehrt erhaltene neugotische Großkirche Deutschlands. Ihr Kirchturm ist mit 105 m der höchste der Pfalz. @ rej346

- ✴ **Rathaus**, Maximilianstr. 12. Charakteristischer Bau (1712-1726) des Spätbarock mit sehenswertem Ratssaal im Rokokostil. @ lcj722

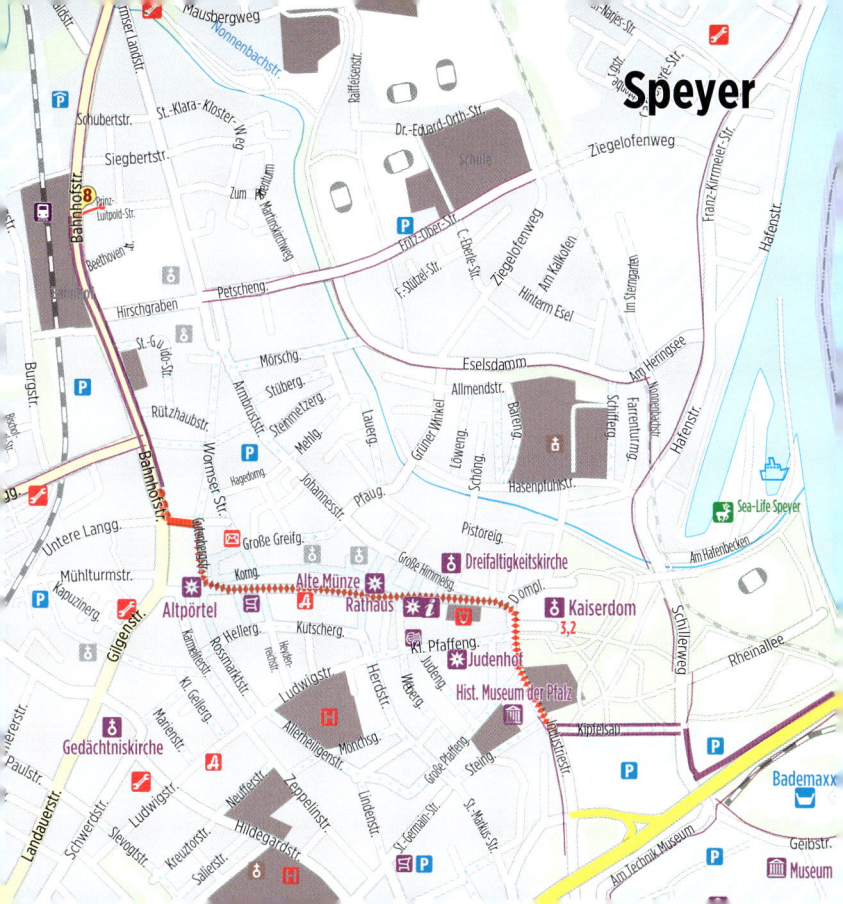

Speyer

- ✱ **Altpörtel**, Maximilianstr. 55 🎧 Erbaut im 13. Jh., repräsentiert es als eines der höchsten (55 m) und bedeutendsten Stadttore Deutschlands die ehemalige Stadtbefestigung. @ lfo875
- ✱ **Alte Münze**, Maximilianstr. 90. Das Neue Kaufhaus am Markt wurde 1748 anstelle der mittelalterlichen Alten Münze neu errichtet. @ klr523
- ✱🖼 **Judenhof mit Museum SchPIRA**, Kleine Pfaffeng. 20-21, ☏ 291971 🎧 Das im frühen 12. Jh. angelegte rituelle Reinigungsbad (Mikwe) bildet das älteste jüdische Kulturdenkmal dieser Art in Deutschland. @ ylm711

Am Marktplatz von Speyer

- ✴ **Kletterwald**, Erster Richtweg 5, ☏ 6581190, ☏ 0176/61011199 ℗ Der Kletterwald verfügt über 10 Parcours auf ca. 60.000 m². @ sha787
- ✚ **Sea Life Speyer**, Im Hafenbecken 5, ☏ 0180/666690101 ℗ Hier tauchen Sie ab in die Faszination der heimischen Unterwasserwelt. Vom Stichling über den Seestern bis zu den Haien – erfahren Sie "meer" über die Bewohner unserer Gewässer. @ gbh758
- ◻◻ **Bademaxx**, Geibstr. 3, ☏ 6251500, @ oly516
- ◻ **Badesee Binsfeld**, Wildentenweg
- ◻ **Badesee Bonnetweiher**, Am Rübsamenwühl 31, ☏ 815174

Speyer ist eine Stadt von großer geschichtlicher Bedeutung. Unter den salischen Kaisern stieg sie zwischen 1024 und 1125 zu einem der herrschaftlichen Zentren des Deutschen Reiches auf. Um 1030 legte Konrad II. auf einer erhöhten Landzunge den Grundstein zum Bau des seinerzeit größten und prächtigsten Domes in der christlichen Welt. Seine Krypta wurde in der Folge die Grabstätte von acht deutschen Kaisern und Königen. Heinrich IV. trat 1076 von Speyer aus seinen Bußgang nach Canossa an, um die Lossprechung vom päpstlichen Bann und dadurch wieder die politische Handlungsfreiheit zu erlangen. Nach 1294 zählte die Stadt zu den Freien Reichsstädten und erlebte in ihren Mauern 50 Reichstage, darunter auch die für das Abendland so folgenreichen Reformationsreichstage von 1526 und 1529: auf ihnen wird die endgültige Spaltung der römischen Kirche vollzogen. Neben der reichspolitischen Funktion besaß die Stadt bevorzugtes Stapelrecht.
Wegen seiner historischen Bedeutung und seiner charmanten Altstadt, aber auch wegen des vielseitigen kulturellen Angebots ist Speyer heute einer der touristischen Glanzpunkte der Pfalz.

Übernachtungs-
und Serviceverzeichnis

Übernachtungsadressen

Dieses Verzeichnis beinhaltet folgende Übernachtungskategorien:

Kategorien

- 🛈 Tourist-Information
- Ⓗ Hotel
- Hg Hotel garni
- Gh Gasthof, Gasthaus
- Ⓟ Pension, Gästehaus
- Pz Privatzimmer
- Ho Hostel
- Mo Motel
- NF Naturfreundehaus
- AH Apartmenthotel
- B&B Bed and Breakfast
- Ⓑ Bungalow
- Fw Ferienwohnung (Auswahl)
- Bh Bauernhof
- Hh Heuhotel
- Ⓢ Sonstiges
- 🏠 Jugendherberge, -gästehaus
- 🅰 Campingplatz
- 🔺 Zeltplatz (Naturlagerplatz)

Die Auflistung stellt keine Empfehlung einzelner Betriebe dar und erhebt keinen Anspruch auf Vollständigkeit. Um das Verzeichnis stets aktuell zu halten, sind wir für Mitteilungen bezüglich Änderungen jeder Art dankbar. Der einfache Eintrag erfolgt für die Betriebe natürlich kostenfrei, aus Platzgründen können wir diesen allerdings nicht garantieren. Vor allem in Tourismusgebieten

Alle mit dem Bett+Bike-Logo (☺) gekennzeichneten Betriebe erfüllen die vom ADFC vorgeschriebenen Mindestkriterien als „Fahrradfreundliche Gastbetriebe" und bieten darüber hinaus so manche Annehmlichkeit für Radfahrer. Detaillierte Informationen finden Sie unter *www.bettundbike.de*.

mit großem Übernachtungsangebot muss die Liste aus Platzgründen automatisiert leicht gekürzt werden.

Kennzeichnung

I   Preiskategorie unter € 25,–
II   Preiskategorie € 25,– bis € 35,–
III Preiskategorie € 35,– bis € 50,–
IV   Preiskategorie € 50,– bis € 70,–
V   Preiskategorie € 70,– bis € 100,–
VI   Preiskategorie über € 100,–
o.F. kein Frühstück angeboten
HP   mit Halbpension
🛁   nur Zimmer mit Etagenbad
☺   Bett+Bike Betrieb
2.5 Entfernung vom Weg in Kilometer Luftlinie

Preise

Die Preise gelten als Richtwert pro Person in einem Doppelzimmer mit Dusche oder Bad inkl. Frühstück.
Die angegebenen Preiskategorien entsprechen dem Stand des Erhebungs- bzw. Überarbeitungszeitraumes und können sich von den tatsächlichen Preisen unterscheiden. Besonders während Messezeiten, aufgrund von unterschiedlichen Zimmertypen und nicht zuletzt saisonal bedingt sind preisliche Schwankungen möglich.

Radwerkstätten u. -vermietung

🔧 Fahrradwerkstatt
🚲 Fahrradvermietung
[🔧] Servicestation od. -automat
🔋 E-Bike Ladestation
🚲 E-Bike Verleih
🚲 abschließbare Abstellanlagen

Entfernung

Die blaue Zahl (2.5) beim Betrieb gibt die Entfernung zur Route in Kilometern an. Bitte beachten Sie, dass sich diese Zahl auf die Luftlinie bezieht, ohne Berücksichtigung der Höhenmeter und der tatsächlichen zurückzulegenden Strecke.

Updates

Aktuelle Korrekturen zum Übernachtungsverzeichnis erhalten Sie über das LiveUpdate auf www.esterbauer.com.

Tauberbischofsheim

Vorwahl: 09341

🛈 Tourist-Information, Marktpl. 8, ✆ 80333, ✆ 80313 ⓪

Ⓗ Adlerhof, Bahnhofstr. 18, ✆ 9440, III-IV ☺ ⓪⁵

Ⓗ Am Brenner, Goethestr. 10, ✆ 92130, III-IV Ⓘ

Ⓗ Badischer Hof, Hauptstr. 70, ✆ 9880, III-IV ⓪

Ⓗ Das Bischof, Stammbergweg 1, ✆ 84840, IV ⓪⁵

Ⓟ Stein, Hauptstr. 67, Zwinger, ✆ 3204, III ⓪

Ⓟ boardinghouse Main-Tauber, Albert-Einstein-Str. 11, ✆ 8974630, II-III Ⓘ

Ⓟ Ciy-Haus TBB, St.-Lioba-Str. 1, ✆ 0179/5935736, II-III ⓪

Ⓟ Haus Rosi, Mittbergweg 3, ✆ 13323, II ⓪⁵

Ⓕ Becker, Goethestr. 15, ✆ 8955570, II Ⓘ

🔧 2-Rad Esser, Daimlerstr. 5, ✆ 5118 ⊞ Ⓩ

🔧 Zweirad Schunder, Hauptstr. 96, ✆ 5008 ⊞ ⓪⁵

Königheim

Vorwahl: 09341

🛈 Bürgermeisteramt, Kirchpl. 2, ✆ 92090 ⓪

Schweinberg (Hardheim)

Vorwahl: 06283

Ⓖ Grüner Baum, Königheimer Str. 19, ✆ 6203, II ⓪

Hardheim

Vorwahl: 06283

Ⓗ Waldhotel Forellengasthof Wohlfahrtsmühle, Wohlfahrtsmühle 1, ✆ 22220, IV ₁₅

Ⓖ Der Ochsen, Walldürner Str. 3, ✆ 2299570, III ☺ ⓪

Höpfingen

Ⓖ Villa Kopp, Heidelberger Str. 51, ✆ 06283/5099544, III Ⓘ

Ⓟ Schmitt, Jahnstr. 6, ✆ 0628/1601 ⓪⁵

Walldürn

Vorwahl: 06282

🛈 Tourist-Information, Hauptstr. 27, ✆ 67107 ⊞ ⓪⁵

Ⓗ Ritter Sakira, Untere Vorstadtstr. 2, ✆ 928940, III ⓪

Ⓗ Zum Riesen, Hauptstr. 14, ✆ 92420, III-IV ⓪

Ⓖ Engel, Untere Vorstadtstr. 6, ✆ 274, I ⊠ ⓪

Ⓖ Zum Burgtörle, Hauptstr. 17, ✆ 95404, III ⊡ ⓪

Ⓟ Römischer König, Obere Vorstadtstr. 18, ✆ 302, III ⓪

Ⓟ Fam. Scheuermann, Wendelin-Berberich-Str. 7, ☎ 1616, o.F., I <u>0</u>

🏠 Jugendherberge Walldürn, Auf der Heide 37, ☎ 283, II-III ⚐⊙ <u>1</u>

🔧 Zweirad Kreis, Blumenstr. 17, ☎ 338▦ <u>0.5</u>

Hainstadt (Buchen (Odenwald))

Vorwahl: 06281

Ⓗ Zum Schwanen, Hornbacher Str. 4, ☎ 2863, III <u>0.5</u>

Ⓕⓦ Gramlich, Gregor-Mendel-Str. 24, ☎ 8274, III▦ <u>0.5</u>

Buchen (Odenwald)

Vorwahl: 06281

🅘 **Stadt Buchen, Wimpinapl. 3, ☎ 31-0 <u>0.5</u>**

🅘 Tourist Info, Hochstadtstr. 2, ☎ 2780 <u>0.5</u>

Ⓗ Prinz Carl, Hochstadtstr. 1, ☎ 52690, IV ⊙ <u>0.5</u>

Ⓗ Ringpark, Von-Leiningen-Str. 3, ☎ 551040, IV▦ <u>0.5</u>

Ⓗ Zum Reichsadler, Walldürner Str. 1, ☎ 52260, IV ⊙▣ <u>0</u>

🔧 2-Rad Dosch, Carl-Benz-Str. 3, ☎ 4211▦▦ <u>1.5</u>

Hollerbach (Buchen (Odenwald))

Vorwahl: 06281

🅗🅖 Gasthof zur Schmiede, Holunderstr. 4, ☎ 5310, ☎ 06281/5310, III ⊙▦ <u>0</u>

Ⓕⓦ Falz, Wilhelm-Guntermann-Str. 2,

📞 1092, II 🄀

🏠 Hafner, Franz-Wallischeck-Str. 12,
📞 556392, I 🄀

🏛 Freizeitheim Hollerhaus, Holunderstr. 43,
📞 96111. (ab 15 Personen) ⅰ

Mudau
Vorwahl: 06284

🄙 Gemeinde Mudau, Schloßauer Str. 2,
📞 7827. mit Geo-Naturpark Außenstelle 0.5

🅿 Lena, Schloßauer Str. 1, 📞 9299530,
📞 0173/3217651, II 0.5

🏠 Auszeitbude, Wallstraße 59,
📞 0178/5496873, II 🄀

🏠 Mayer, Hebelstr. 7, 📞 307010, I 0.5

Langenelz (Mudau)
Vorwahl: 06284

🏠 Etztalblick, Elztalstraße 16, I 0.5

Balsbach (Limbach)
🄖 Zum Engel, Stangenweg 1, 📞 06287/205,
III 1.5

Waldbrunn
Vorwahl: 06274

🄙 Tourist Info, Zu den Kuranlagen 18, in
der Katzenbuckel-Therme, 📞 928590 0.5

🄖 Haus Odenwald, Alte Marktstr. 5, 📞 270,
📞 0162/5615058, III 🄀

Scheringen (Limbach)
🏠 Im Odenwald, Elztalstr. 11, 📞 06287/1840,
III-IV ⅰ

Limbach
Vorwahl: 06287

🄙 Gemeinde Limbach, Muckentaler Str. 9,
📞 92000 🄀

🄷 Limbacher Hof, Baumgarten 3,
📞 9336660, IV-V ☺ 🄀

🅿 Limbacher Mühle, Heidersbacher Str. 18,
📞 1020, II ⅰ

🅿 Zur Krone, Marktpl. 4, 📞 201, II 0.5

Krumbach (Limbach)
Vorwahl: 06287

🄷 Landhotel Engel, Engelstr. 19, 📞 701, III 0.5

🄰 Odenwald Camping, Alte Mühle 1,
📞 1485 0.5

Trienz (Fahrenbach)
🏠 Ferienwohnung im Odenwald, Mosbacher Weg 7, 📞 06267/1530, III ☺🖥📺 0.5

Lohrbach (Mosbach)
Vorwahl: 06261

🏠 Sigmund, Alfred-Kailbach-Str.4, 📞 15439,
📞 0176/31593578, II 🄀

🏠 Ziegler, Im Bremen 24, 📞 35824, II 🄀

Mosbach
Vorwahl: 06261

ℹ Tourist-Information, Marktpl. 4, 📞 91880. mit Geopark-Infozentrum 0.5

ℹ Touristikgemeinschaft Odenwald e. V., Neckarelzer Str. 7, 📞 841390 0.5

H Amtsstüble, Lohrtalweg 1, 📞 93460, III-IV ☺ 0.5

H Goldener Hirsch, Hauptstraße 13, 📞 8465020, III 0.5

H Lamm, Hauptstr. 59, 📞 89020, III-IV ☺ 0.5

H Schwanen, Schlossg. 8-10, 📞 93440, 📞 0171/4025620, III-V 0.5

Gh OM Deutschland, Alte Neckarelzer Str. 2, 📞 947-0, III 0

Fw Bei Kindlers, Hauptstr. 37, 📞 2871, II-III 0.5

Hotel Lindenhof
Martin-Luther-Str. 3 • 74821 Mosbach
Tel.: 06261/60066 • Fax: 06261/975252
info@lindenhof-neckarelz.de
www.lindenhof-neckarelz.de

JETZT
BUCHEN!

Alle Zimmer sind mit Dusche/WC, Telefon, Farbfernseher und WLAN ausgestattet.

🚲 Bikehouse Bühler, Hauptstr. 98, 📞 899376 0.5

🚲 stb bike-center Mosbach, Alte Neckarelzer Str. 1, 📞 16226 0

Neckarelz (Mosbach)
Vorwahl: 06261

ℹ Tourist-Information, Marktpl. 4, Mosbach, 📞 91880. mit Geopark-Infozentrum 0.5

H **Lindenhof, Martin-Luther-Str. 3, 📞 60066, III** 0.5

Gh Destille Eisenbahn, Kantstr. 29, 📞 7314, 📞 0174/3014773, III 0.5

P Bildungshaus Neckarelz, Martin-Luther-Str. 14, 📞 6735300, III 0.5

🏛 Mutschlers Mühle, Zur Alten Mühle 6, 📞 7191, II-III 0

Obrigheim
Vorwahl: 06261

ℹ Bürgermeisteramt, Hauptstr. 7, 📞 6460 0

H Schloss Neuburg, Schloss Neuburg 1, 📞 0176/60377989, III-IV 0.5

H Wilder Mann, Hauptstr. 22, 📞 97510, III-IV ☺ 0.5

Gh Jägerstube, Langenrainstr. 24, 📞 7201, II-III ☺ 0.5

Bh Steinbruchhof, Schubertstr. 17,

📞 9398003, 📞 01520/3879672 <u>0.5</u>

Schreckhof (Mosbach)

Vorwahl: 06261

🅿 Schreinerschänke & Pension Schreckhof, Schreckhof 31, 📞 2590, III⬛ <u>i</u>

Mörtelstein (Obrigheim)

Vorwahl: 06262

🅿 Reinmuth, Talstr. 12a, 📞 3880, I <u>i</u>

🅰 Germania, Mühlwiese 1, 📞 1795 <u>0</u>

Neckargerach

Vorwahl: 06263

🛈 Gemeinde Neckargerach, Hauptstr. 25, 📞 42010 <u>0</u>

🏠 Grüner Baum, Neckarstr. 13, 📞 706, IV ☺ <u>0.5</u>

🏠 Ottilie, Guttenbacher Pfad 10, 📞 8913 <u>0.5</u>

🅰 Odenwald river camp, Bannwiesen 1, 📞 4276630, 📞 0152/08275635 <u>0</u>

Zwingenberg

Vorwahl: 06263

🛈 Bürgermeisteramt Zwingenberg, Alte Dorfstr. 8, 📞 45152 <u>0</u>

🏠 Goldener Anker, Alte Dorfstr. 49, 📞 4278121, III ☺ <u>0</u>

🅿 Pension Fath, Alte Dorfstr. 6, 📞 9276 <u>0</u>

🅿 Wanderunterkunft Zwingenberg, Eichenweg 2, 📞 9679, I-II ☺ <u>0.5</u>

🆕🅰 NFH „Zwingenberger Hof", Im Hoffeld 7-8, 📞 520, I ⬛ ☺ <u>0</u>

🏠 Schlossblick, Im Hohen Garten 4, 📞 1424, 📞 0151/50724042, II <u>0.5</u>

🅰 Campingplatz beim Motoryachtclub, Im Hoffeld 1, 📞 0175/2414353 <u>0</u>

Rockenau (Eberbach)

Vorwahl: 06271

🏠 Ferienwohnung Faul, Im Teich 8, 📞 919189, I-II <u>0.5</u>

Neckarwimmersbach (Eberbach)

Vorwahl: 06271

🏠 Zur Linde, Dr.-Mantel-Weg 3, 📞 71061,

III $\overline{0.5}$

🅿️ Anneliese Gästezimmer, Schwanheimer Strasse 56c, ✆ 4302, I-II $\overline{0.5}$

🅿️ Haus Riese, Im Hirschacker 24, ✆ 2396, I 🐾 $\overline{1.5}$

🅰️ Campingpark Eberbach, Alte Pleutersbacher Str. 8, ✆ 1071 ☺ $\overline{0}$

Eberbach
Vorwahl: 06271

🛈 **Kultur-Tourismus-Stadtinformation, Leopoldspl. 1, ✆ 87242** $\overline{0.5}$

🅗 Altes Badhaus, Am Lindenpl. 1, ✆ 9456406, IV $\overline{0.5}$

🅗 Karpfen, Alter Markt 1, ✆ 806600, IV-V ☺ $\overline{0.5}$

🅖 Grüner Baum, Neckarstr. 51, ✆ 92400, III 🐾 $\overline{0.5}$

🅟 Terhorst, König-Heinrich-Str. 43, ✆ 71737, ✆ 0157/83642376, II 🐾 $\overline{1.5}$

Pleutersbach (Eberbach)
Vorwahl: 06271

🅵🅆 Diehl, Eberbacher Str. 37, ✆ 4952, I $\overline{0}$

Ersheim (Hirschhorn)
Vorwahl: 06272

🅿️ Ersheim II, Ersheimer Str. 2, ✆ 922892, ✆ 0176/45951114, o.F., II $\overline{0}$

🅿️ Haus Schönblick, Schönbrunner Str. 36, ✆ 2765 $\overline{0}$

🅿️ Neckarbogen, Ersheimer Str. 43, ✆ 2968, ✆ 0172/6230235, o.F., I $\overline{0}$

🅵🅆 Jung, Darmstädter St. 6, ✆ 920669, ✆ 0160/8896908 $\overline{0}$

Hirschhorn
Vorwahl: 06272

🛈 Tourist-Information, Alleeweg 2, ✆ 1742 $\overline{0.5}$

🅗 Zur Krone, Hauptstr. 35, ✆ 5130670, III-IV ☺ $\overline{0.5}$

🅖 Poseidon, Hauptstr. 39, ✆ 912300, III ☺ $\overline{0.5}$

🅰️ Odenwald Camping-Park, Langenthaler Str. 80, ✆ 809 $\overline{2}$

Dilsberg (Neckargemünd)
Vorwahl: 06223

🅿️ Mertens, Postweg 27, ✆ 3140, o.F., I 🐾 $\overline{1}$

🅼 Jugendherberge, Untere Str. 1, ✆ 9723021, II $\overline{0.5}$

🅰️ Campingplatz Unterm Dilsberg, Dorthsfeld 1, ✆ 72585, ✆ 0174/8138858. (April-Sept.) $\overline{0}$

Neckarsteinach
Vorwahl: 06229

🛈 Tourist-Information, Neckarstr. 47, ✆ 708914 $\overline{0}$

🏩 Vierburgeneck, Heiterswiesenweg 11, (unterh. Ruine „Schwalbennest"), ✆ 542, IV ☺ <u>0</u>

🏨 Neckarblick, Bahnhofstr. 27a, ✆ 708890, II-III <u>0</u>

Kleingemünd (Neckargemünd)

Vorwahl: 06223

🅿️ Muley, Bergstr. 11, ✆ 72124, o.F., I 🚭 <u>0</u>

Neckargemünd

Vorwahl: 06223

ℹ️ Tourist-Information, Neckarstr. 36, ✆ 3553 <u>0.5</u>

🏨 Die Dependance, Hauptstr. 57, ✆ 862768, III-IV ☺ <u>0.5</u>

🏨 Kredell, Hauptstr. 67, ✆ 2633, III ☺ <u>0.5</u>

🏠 Reber, Bahnhofstr. 52, ✆ 8779, III <u>0.5</u>

🅿️ Adler Ferienwohnung & Gästezimmer, Hauptstr. 30, ✆ 72288, ✆ 01520/2806774, III <u>0.5</u>

🅿️ Engelken, Adalbert-Seifriz-Str. 22, ✆ 6922, III 🚭 <u>1.5</u>

🏕️ Campingplatz An der Friedensbrücke, Falltorstr. 4, ✆ 2178 <u>0.5</u>

🏕️ Campingplatz Haide, Ziegelhäuser Str. 91, ✆ 2111. (April-Nov.) <u>0</u>

🚲 Rudi's Radladen, Mühlg. 2, ✆ 71295 <u>0.5</u>

Ziegelhausen (Heidelberg)

Vorwahl: 06221

ℹ️ Tourist-Information am Neckarmünzplatz, Obere Neckarstr. 31, Heidelberg, ✆ 584444 <u>0.5</u>

🏩 Zum Waldhorn, Peter-Wenzel-Weg 11, ✆ 895330, III-V <u>3</u>

🅿️ Endrich, Friedhofweg 28, ✆ 801086, II-III <u>0.5</u>

🅿️ Payer, Steinbachweg 5, ✆ 803093, I-II 🚭 <u>0</u>

Schlierbach (Heidelberg)

Vorwahl: 06221

ℹ️ Tourist-Information am Neckarmünzplatz, Obere Neckarstr. 31, Heidelberg, ✆ 584444 <u>0.5</u>

🏩 Neckartal, Im Hofert 28, ✆ 89930, III-IV <u>0.5</u>

🏕️ Camping Heidelberg, Schlierbacher Landstr. 151, ✆ 802506, I. (April-Okt.) <u>0</u>

Altstadt (Heidelberg)

Vorwahl: 06221

🏩 Acor, Friedrich-Ebert-Anlage 55, ✆ 654070, IV-V <u>0</u>

🏩 Am Rathaus, Heiliggeiststr. 1, ✆ 14730, IV-V <u>0</u>

🏩 Am Schloss, Zwingerstr. 20, ✆ 14170, IV-

V 0.5

- 🏨 Anlage, Friedrich-Ebert-Anlage 32, ☎ 5850960, IV-V ☺ 0
- 🏨 Atlantic, Schloss-Wolfsbrunnen-Weg 23, ☎ 60420, IV-V 0.5
- 🏨 Backmulde, Schiffg. 11, ☎ 53660, IV-V 0
- 🏨 Europäischer Hof, Friedrich-Ebert-Anlage 1, ☎ 5150, VI 0
- 🏨 Goldene Rose, St.-Anna-G. 7, ☎ 905490, IV-V 0
- 🏨 Goldener Falke, Hauptstr. 204, ☎ 14330, V 0.5
- 🏨 Hackteufel, Steing. 7, ☎ 905380, IV-V 0
- 🏨 Hip-Hotel, Hauptstr. 115, ☎ 20879, V-VI 0
- 🏨 Holländer Hof, Neckarstaden 66, ☎ 60500, IV-V 0
- 🏨 Kulturbrauerei, Leyerg. 6, ☎ 502980, III-VI 0.5
- 🏨 Monpti, Friedrich-Ebert-Anlage 57, ☎ 604560, IV 0
- 🏨 Perkeo, Hauptstr. 75, ☎ 14130, IV-V 0
- 🏨 Tannhäuser, Bergheimer Str. 6, ☎ 21805, IV 0
- 🏨 Vier Jahreszeiten, Haspelg. 2, ☎ 24164, IV 0
- 🏨 Villa Marstall, Lauerstr. 1, ☎ 655570, IV-VI 0
- 🏨 Weißer Bock, Große Mantelg. 24,

☎ 90000, V 0

- 🏨 Zur alten Brücke, Obere Neckarstr. 2, ☎ 739130, V-VI ☺ 0
- 🏨 Am Kornmarkt, Kornmarkt 7, ☎ 905830, III-V ☺ 0.5
- 🅿 Jeske, Mittelbadg. 2, ☎ 23733, ☎ 0157/85034650, III ⚑ 0.5

Heidelberg

Vorwahl: 06221

- 🛈 Tourist-Information am Hauptbahnhof, Willy-Brandt-Pl. 1, ☎ 5844444 1
- 🛈 Tourist-Information am Neckarmünzplatz, Obere Neckarstr. 31, ☎ 584444 0.5
- 🛈 Tourist-Information im Rathaus, Markpl. 10 0
- 🚲 Das kleine Radhaus, Bahnhofstr. 55, ☎ 183727 0.5
- 🚲 Der Rad Raum, Alte Eppelheimer Str. 46, ☎ 673867 1
- 🚲 Fahrradservice Baber, Bahnhofstr. 1, ☎ 8734817 0
- 🚲 Heidel-bike, Rohrbacher Str. 13-15, ☎ 23170 0
- 🚲 Madame Vélo, Alte Eppelheimer Str. 31a, ☎ 168261 1.5
- 🚲 Quadrad - Mountain - Bikes, Kurfürstenanlage 62, ☎ 164805 1.5
- 🚲 Radhof Bergheim, Bergheimer Str. 101,

✆ 970382 ⓘ

 Wittmann, Am Taubenfeld 29a, ✆ 83609393 ④⑤

 Zweirad Kirch, Plöck 81, ✆ 24046 ⓪

 altavelo, Bergheimer Str. 101, ✆ 453649 ⓘ

Neuenheim (Heidelberg)

Vorwahl: 06221

Ⓗ Berger, Erwin-Rohde-Str. 8, ✆ 401608, IV ⓘ

Ⓗ Hirschgasse, Hirschg. 3, ✆ 4540, V-VI ⓪

Ⓗ Rafaela, Lutherstr. 17, ✆ 674330, IV-V ⓪⑤

Ⓗ Astoria, Rahmeng. 30, ✆ 7290350, V ⓪⑤

Ⓗ Café Frisch, Jahnstr. 34, ✆ 45750, IV ⓘ

Ⓜ Jugendherberge Heidelberg International, Tiergartenstr. 5, ✆ 651190, II ☺ ②⑤

Ⓩ bikeservice ziegler, Schröderstr. 31, ✆ 402921 ⓪⑤

Weststadt (Heidelberg)

Vorwahl: 06221

Ⓗ B&B, Rudolf-Diesel-Str. 7, ✆ 13720, III ⓘ

Ⓗ Central, Kaiserstr. 75, ✆ 20641, IV ⓘ

Ⓗ Hotelo, Czernyring 42-44, ✆ 6517739, III ⓪⑤

Ⓗ Ibis Hauptbahnhof, Willy-Brandt-Pl. 3, ✆ 9130, IV ⓘ

Ⓗ Krokodil, Kleinschmidtstr. 12, ✆ 7392970, IV-V ⓪⑤

Ⓗ Meininger Hotel Heidelberg Hauptbahnhof, Carl-Benz-Str. 2/1, ✆ 6744920, III ⓘ

Ⓗ Mille Stelle City, Goethestr. 2, ✆ 6735820, o.F., III-IV ⓪⑤

Ⓗ Panorama, Bismarckstr. 19, ✆ 1852100, V ⓪

Ⓗ Premier Inn, Kurfuerstenanlage 23, ✆ 6484899, IV ⓪⑤

Ⓗ Qube, Bergheimer Str. 74, ✆ 187990, V ⓘ

Ⓗ The Heidelberg Exzellenz, Rohrbacher Str. 29, ✆ 9150, IV ⓪

Ⓗ Zieglerbräu, Bergheimer Str. 1b, ✆ 25333, o.F., III ⓪

Ⓗⓖ Bayrischer Hof Heidelberg, Rohrbacher

Str. 2, ✆ 872880, IV-V $\overline{0}$

🏨 Regina, Luisenstr. 6, ✆ 53640, IV ⊗ $\overline{0}$

🏨 Steffis Hostel, Alte Eppelheimer Str. 50, ✆ 7782772, III ✗ ⊗ $\overline{1.5}$

🚲 E-Bike Point Heidelberg-West, Franz-Knauff-Str. 17a, im Autohaus Nieder, ✆ 602034 $\overline{0.5}$

Bahnstadt (Heidelberg)

Vorwahl: 06221

🚲 Ruprecht Rides, Langer Anger 40/42, ✆ 3539860 $\overline{1.5}$

🚲 altavelo, Zollhofgarten 8, ✆ 4352190 $\overline{1.5}$

Süd (Heidelberg)

Vorwahl: 06221

🏨 Heidelberg, Heuauerweg 35-37, ✆ 3544415, III-IV ⊗ $\overline{2.5}$

🏨 ISG, Im Eichwald 19, ✆ 38610, IV $\overline{1}$

🏨 Leonardo Hotel Heidelberg, Pleikartsförster Str. 101, ✆ 7880, III-V $\overline{2}$

🏨 Rose, Karlsruher Str. 93, ✆ 31380, III-IV $\overline{0.5}$

🚲 bike n wild, Rohrbacher Str. 184, ✆ 7355021 $\overline{0}$

Rohrbach (Heidelberg)

Vorwahl: 06221

🚲 Eldorado, Felix-Wankel-Str. 1, ✆ 166707 $\overline{0.5}$

🚲 🐞 Fahrrad Schmidt, Heinrich-Fuch-Str. 6,

✆ 390993 $\overline{0.5}$

Leimen

Vorwahl: 06224

🏨 Bären, Rathausstr. 20, ✆ 9810, III $\overline{0}$

🏨 Lichtenau, Massengasee 80-92, ✆ 9091100, III-IV $\overline{0.5}$

🏨 Park-Hotel Leimen, Peter-Disegna-Weg 5a, ✆ 7679891, III-IV $\overline{0.5}$

🏨 Traube, St. Ilgener Str. 7-11, ✆ 9830, III $\overline{0}$

🏨 Villa Toskana, Hamburger Str. 4-8, ✆ 82920, V $\overline{0}$

🏨 Engelhorn, Ernst-Naujoks-Str. 2, ✆ 7070, III-IV $\overline{0.5}$

🏨 Seipel, Bgm.-Weidemaier-Str. 26, ✆ 9820, IV $\overline{0}$

🏠 Krone, Rathausstr. 4, ✆ 9021141, V $\overline{0.5}$

🅿 Herrenberg, Bremer Str. 7, ✆ 97060, III $\overline{0.5}$

🚲 Keller-Residence, Leipziger Str. 18, ✆ 709070, ✆ 0173/3413232, III $\overline{0.5}$

🚲 Radsport Haritz, St. Ilgener Str. 47, ✆ 72343 $\overline{0.5}$

Sandhausen

Vorwahl: 06224

🏨 Residenz Royal, Carl-Benz-Str. 8, ✆ 940100, IV $\overline{2.5}$

🏠 Bauer, Hauptstr. 20, ✆ 15336, III $\overline{2}$

🚲 Bike n' Boat, Hauptstr. 75, ☎ 926232 ②

Nußloch

Vorwahl: 06224

🛈 Gemeinde, Sinsheimer Str. 19, ☎ 9010 ①

🅷 Felderbock, Hauptstr. 26, ☎ 9099415, ☎ 9099417, IV ①

🄶 Henkel's Weinstube, Sinsheimer Str. 68, ☎ 12442, ☎ 0163/9715550, III ⒖

🄶 Linde, Walldorfer Str. 15, ☎ 72967, III ①

🚲 bike technik, Hauptstr. 75, ☎ 170015 ①

Walldorf

Vorwahl: 06227

🅷 Ambiente, Am neuen Schulhaus 4, ☎ 6020, V ⓪⑤

🅷 Astralis, Schwetzinger Str. 50, ☎ 6080, IV ⓪⑤

🅷 Erbprinz, Hauptstr. 13, ☎ 6531330, IV ⓪

🅷 Leonardo, Roter Str. 2, ☎ 360, IV ⓪⑤

🅷 Sickinger Hof, Schloßpl. 1, ☎ 8310, III-IV ⓪

🅷 Villa Verde, Hauptstr. 14-18, ☎ 35880, IV ⓪

🅷 Vorfelder, Bahnhofstr. 28, ☎ 6990, V ⓪⑤

🅷 Zum weißen Rössel, Hauptstr. 26, ☎ 82040, IV-V ⓪

🄷 Grünshof, Schwetzinger Str. 27, ☎ 8398900, IV ⓪⑤

🄷 l'Auberge - Haus Fischer, Banatstr. 13-15,

☎ 4799, IV ①

🅿 Dörnersches Haus, Hirschstr. 11, ☎ 8392693, IV ⓪

🅿 Pichler, Leimengrube 6, ☎ 61877, ☎ 0177/3335320, o.F., I ⓪⑤

🄰 Campingplatz Walldorf Astoria, Schwetzinger Str. 98, ☎ 9195, I ②

🚲 Tari-Bikes, Wieslocher Str. 34, ☎ 359640 ⒖

Reilingen

Vorwahl: 06205

🅷 Achat Premium Hotel Walldorf/Reilingen, Hockenheimer Str. 86, ☎ 9590, IV ☺ ⓪⑤

🄿🄩 Pension Adrian, Bgm.-Römpert-Str. 12, ☎ 289595, II-III ⓪

🄿🄩 Wersauer Hof, Wersauer Hof 1, ☎ 0172/6262482, o.F., III-IV ⓪

🚲 Fahrrad Schröter, Industriestr. 1, ☎ 292880, ☎ 0160/4196626 ⓪⑤

Neulußheim

🚲 Fahr Rad! Schwarz, Hockenheimer Str. 2, ☎ 06205/308861 ⓪

Altlußheim

Vorwahl: 06205

🅷 Blautannen, Blautannenstr. 2, ☎ 38404, III ⓪

Speyer

Vorwahl: 06232

🅘 Tourist-Information, Maximilianstr. 13, ✆ 142392 ⓪

🅗 Am Technik Museum, Am Technik Museum 1, ✆ 67100, III-V ⓪⁵

🅗 Amadeus, Gutenbergstr. 20, ✆ 74623, III ⓪

🅗 Domhof, Bauhof 3, ✆ 13290, IV-V ☺ ⓪

🅗 Ibis Styles Speyer Hotel, Karl-Leiling-Allee 6, ✆ 2080, III ⓪⁵

🅗 Il Rustico & Hotel 1735, Rheintorstr. 5, ✆ 8505776, ✆ 676830, III-IV ☺ ⓪⁵

🅗 Lindner Hotel & Spa, Binshof 1, ✆ 6470, VI ⁴·⁵

🅗 Löwengarten, Schwerdstr. 14, ✆ 6270, IV-V ☺ ⓪⁵

🅗 Sperling, Im Neudeck 34a, ✆ 41111, IV-V ②

🅗 Zum Halbmond, Nikolausg. 4, ✆ 3124509, IV ⓪⁵

🅗🅖 Alt Speyer, Große Gailerg. 1a, ✆ 60280, ✆ 0171/7485810, IV✉ ⓪⁵

🅗🅖 Am Wartturm, Landwehrstr. 28, ✆ 64330, IV-V ☺ ¹·⁵

🅗🅖 Kurpfalz, Mühlturmstr. 26, ✆ 100830, II-IV ⓪⁵

🅖🅗 🅕🅦 Maximilian, Korng. 15, ✆ 1002500, o.F., III-IV ☺ ⓪

🅜 Kurpfalz-Jugendherberge Familien- und JGH, Geibstr. 5, ✆ 61597, II ☺ ⓪⁵

🅐 2-Rad Strobel, Obere Langg. 9, ✆ 78281 ⓪⁵

🅐 2rad Nieuwenhuis, Franz-Kirrmeier-Str. 19, ✆ 26591 ¹·⁵

🅐 Fahrrad Weindel, Im Geißhorn 5, ✆ 76441 ¹·⁵

🅐 Radsport Schuhmacher, Landauer Str. 1a, ✆ 8509999, ✆ 0151/58784577 ⓪⁵

Reisenotizen

Reisenotizen

Ortsindex

Die Seitenzahlen ab S. 112 beziehen sich auf das Übernachtungsverzeichnis.